LA CHIRURGIE ESTHÉTIQUE

Infographie: Pierre Durocher
Illustrations techniques: Élise Benoit
Photos: Danielle Tremblay

Données de catalogage avant publication (Canada)

Camirand, André

La chirurgie esthétique

1. Chirurgie plastique. 2. Chirurgie plastique.
I. Lortie, Micheline. II. Titre.

RD118.C35 1998 617.9'5 C98-941296-2

DISTRIBUTEURS EXCLUSIFS:

- Pour le Canada et les États-Unis:
  MESSAGERIES ADP*
  955, rue Amherst,
  Montréal, Québec
  H2L 3K4
  Tél.: (514) 523-1182
  Télécopieur: (514) 939-0406
  * Filiale de Sogides ltée

- Pour la Belgique et le Luxembourg:
  PRESSES DE BELGIQUE S.A.
  Boulevard de l'Europe 117
  B-1301 Wavre
  Tél.: (010) 42-03-20
  Télécopieur: (010) 41-20-24

- Pour la Suisse:
  DIFFUSION: ACCES-DIRECT SA
  Case postale 69 - 1701 Fribourg - Suisse
  Tél.: (41-26) 460-80-60
  Télécopieur: (41-26) 460-80-68
  DISTRIBUTION: OLF SA
  Z.I. 3, Corminbœuf
  Case postale 1061
  CH-1701 FRIBOURG
  Commandes: Tél.: (41-26) 467-53-33
  Télécopieur: (41-26) 467-54-66

- Pour la France et les autres pays:
  INTER FORUM
  Immeuble Paryseine, 3, Allée de la Seine,
  94854 Ivry Cedex
  Tél.: 01 49 59 11 89/91
  Télécopieur: 01 49 59 11 96
  Commandes: Tél.: 02 38 32 71 00
  Télécopieur: 02 38 32 71 28

Pour en savoir davantage sur nos publications,
visitez notre site: **www.edhomme.com**
Autres sites à visiter: www.edjour.com • www.edtypo.com • www.edvlb.com
www.edhexagone.com • www.edutilis.com

Dépôt légal: 1er trimestre 1999
Bibliothèque nationale du Québec

ISBN 2-7619-1456-2

LA CHIRURGIE ESTHÉTIQUE

Dr ANDRÉ CAMIRAND

avec la collaboration de Micheline Lortie

LES ÉDITIONS DE L'HOMME

La beauté plaît aux yeux,
la douceur charme l'âme.

Voltaire

En guise d'introduction

Fasciné dès l'adolescence par le paysage intarissable du visage humain, André Camirand a vite su, et très clairement, ce qu'il souhaitait faire de ses 10 doigts : de la chirurgie, bien sûr. Et pas n'importe laquelle : de la chirurgie esthétique, et rien d'autre.

La suite pourrait être banale. Mais le Dr Camirand est un passionné. Un homme de sciences doublé d'un esthète. Un plasticien obsédé d'excellence. Après des études de médecine à Ottawa, il regagne Montréal, sa ville natale, où il se spécialise en chirurgie générale, puis en chirurgie plastique, aux universités de Montréal et McGill. Cette formation, il la complète à l'université Cornell, à New York. Dès ses débuts, il se fait un devoir d'assister à divers congrès aux quatre coins du monde, où il questionne sans répit les spécialistes réputés qu'il croise.

Ce qui devait arriver, arrive. On lui demande de prendre la parole, d'exposer son point de vue, de commenter les travaux des grands maîtres. Pour le jeune chirurgien, ce sera le début d'une fructueuse carrière de conférencier. Madrid, Le Caire, New Delhi, Guadalajara, Carthagène, Tokyo, Zurich, Bei-jing, Bangkok, Sydney, Tel-Aviv, Paris, Paraná, Sun City, San Diego, Kyoto, Los Angeles, Toronto ou New York : sur les cinq continents, le Dr Camirand a, depuis lors, expliqué sa façon de rajeunir les paupières, de corriger le nez sans plâtre ni mèche, de faire des dermabrasions à l'aiguille, d'inciser très finement la peau, de parvenir à des liftings facials aux cicatrices imperceptibles ou d'effectuer des augmentations mammaires aux seins souples.

On pourrait énumérer encore longuement les chirurgies novatrices que le Dr Camirand a popularisées en 20 ans de pratique médicale. On ne compte plus les patients — célèbres et anonymes — dont il a transformé la vie grâce à son savoir-faire. Aujourd'hui, c'est pour ceux qui n'osent poser à haute voix leurs questions que le Dr Camirand donne à la chirurgie esthétique la tribune qui lui revient. L'espace de quelques pages, l'expert enthousiaste mais pondéré n'a qu'un souhait : que le public, mieux informé, sache se prévaloir de son droit à l'embellissement. Qu'il profite aussi d'une convalescence allégée et, en bout de ligne, d'une apparence améliorée de façon naturelle et subtile. La chose semble simple. Elle est pourtant plus importante qu'il n'y paraît à première vue, et plus complexe que les mots qui servent à décrire la beauté, cet obscur objet de nos désirs…

La beauté, cet obscur objet du désir

Il y a 24 siècles, le philosophe Platon réclamait la constitution d'une « science de la beauté». En vain. À tour de rôle, la religion puis la psychanalyse et la psychologie se sont fait un devoir d'expulser la beauté de toute recherche. Cette censure était peut-être inspirée par un sentiment de charité chrétienne. Chose certaine, elle démontre à quel point nous avons longtemps entretenu des sentiments ambigus face à ce qui est harmonieux.

En effet, que n'avons-nous pas fait pour nier toute quête de beauté! La tournant en dérision, nous avons préféré croire qu'elle cachait un désir suspect. De même, nous avons choisi d'oublier que la société athénienne, qui a inventé les règles de vie démocratiques dont nous avons hérité, révérait la beauté du corps, sans aucune réticence.

Mais au fait, qu'est-ce qui est beau ? Et qu'est-ce qui ne l'est pas ? Dans diverses universités américaines, des chercheurs commencent à se poser sérieusement la question. Car, si dame pingouin choisit bêtement le mâle le plus dodu ou si le paon exhibe des couleurs à tout casser, l'*homo sapiens* se montre d'une subtilité plus déroutante.

Des travaux sur la question, menés notamment par Randy Thornhill, spécialiste de la biologie de l'évolution à l'université du Nouveau-Mexique, révèlent que la **symétrie,** corporelle ou faciale, constitue le plus important critère de beauté. Elle serait en quelque sorte un indice de performance et d'adaptation réussie. En chirurgie esthétique, la recherche de beauté passe d'ailleurs souvent par la symétrie, rectifiant le « trop » ou le « pas assez », corrigeant ce qui déborde ou pendouille — creux, bosse, « cap ou péninsule ». Ainsi, combien de nez opérés parce que jugés trop gros ? De mentons honnis, car trop fuyants ? De doubles mentons gommés par liposuccion ?

L'idée que la beauté soit affaire de régularité n'est pas nouvelle. Au XVIIIe siècle,

- La Grecque « parfaite » devait mesurer huit fois la longueur de ses pieds.
- La bourgeoise du XIXe siècle devait être assez corpulente pour pouvoir supporter le poids de trois kilos de vêtements.
- Les beautés cubiques de 1926 devaient être « plates, géométriques et quadrangulaires », pour reprendre les mots de l'écrivain Colette.
- La première charte de poids, inventée en 1932 par la Metropolitan Life Insurance Company, visait à faire baisser les primes d'assurances en ciblant des populations supposément à risque. En 1959, cette charte proposait un poids de 50 à 54 kg (111 à 119 lb) pour une femme de 1,68 m (5 pi 5 po) de petite ossature. En 1989, le poids suggéré variait de 53 à 59 kg (117 à 130 lb).

de doctes ouvrages affirmaient que celle-ci était « un mélange combiné de parties séparément égales et semblables que l'on nomme Symétrie ». La *Bibliothèque des Dames* était encore plus précise : la tête devait être ovale, le front grand, les oreilles courtes, le nez droit et les yeux fendus.

Dans certaines tribus dites primitives, la beauté est aussi une affaire de symétrie, reposant sur des trios ronds (œil, mollet et croupe), minces (cou, nez et ventre), clairs (corps, regard et dent) et sombres (prunelle, lèvre et gencive). Autant dire que les cartes composites des mannequins, débordant de mensurations chiffrées, n'ont rien inventé !

UNE AFFAIRE D'INSTINCT ?

Les chercheurs se demandent de plus en plus si la beauté n'est pas quelque chose d'inné, que nous reconnaissons d'instinct. Chargés d'élire un palmarès de beaux hommes, trois jurys distincts, composés d'Anglaises, de Chinoises et d'Indiennes, ont ainsi fait des choix identiques. À croire que ces dames avaient toutes grandi dans le même pays ! Le chercheur Curtis Samuels, du Laboratoire de développement humain de l'université de Berkeley, ajouta alors un deuxième volet à l'expérience. Des poupons de trois mois devaient « réagir » aux photos choisies. Fait surprenant, leurs réactions corroborèrent ce qui avait été observé chez les femmes adultes.

La deuxième grande loi concernant la beauté serait celle de la **moyenne.** À l'université du Texas, la chercheuse Judith Langlois a corrigé des visages par ordinateur pour en atténuer les traits appuyés. Ces visages retouchés, dégagés de tout extrême, ont été jugés plus séduisants que ceux à partir desquels ils étaient façonnés. Verdict de la chercheuse: l'être humain adhère à la loi de la moyenne, gage d'équilibre et garantie d'un tête-à-tête exempt de dangers.

Nous restons néanmoins sensibles aux petits «extras». À preuve, les beaux visages, retouchés par ordinateur, séduisent plus que les faciès moyens, également truqués. Cela pourrait expliquer l'actuelle fascination qu'exercent les top models. En effet, personne n'incarne mieux les standards du «moyen plus» que ces dernières. Le sociologue français Edgar Morin a brillamment expliqué cet apparent paradoxe. Le masque maxfactorisé — fait de la chair et des fards confondus — a donné à la top model une radiance à la fois quotidienne et parfaite, familière mais au-delà de la moyenne. Cette déesse à visage humain deviendrait, de ce fait, inévitablement fascinante.

ATTRACTION FATALE

Le premier concours de beauté s'est déroulé à Atlantic City, en 1921, année où le droit de vote fut accordé aux Américaines. La gagnante de 15 ans pesait 46 kg (101 lb) et ses mensurations étaient de 30-25-32. Avec l'élection de cette première Miss America, les organisateurs espéraient prolonger la saison touristique d'Atlantic City. Mais les retombées de cette première ayant dépassé tous les espoirs, une foule d'autres concours de beauté virent le jour. En 1927, Miss France était créée pour relancer une crème Brillantine. En 1950, Miss Tour Eiffel faisait la promotion du célèbre monument.

Au Canada, il fallut attendre l'année 1968 pour assister à la première édition de Miss Teen Canada. Largement commandités (surtout depuis les débuts de la télédiffusion du *Miss America Pageant,* dans les années cinquante), les concours de beauté demeurent des occasions de voir évoluer des vestales dont la rectitude morale doit refléter la perfection physique. Fait cocasse, même la féministe Susan Brownmiller, tout en dénonçant les concours de beauté, a avoué qu'elle ne pouvait s'empêcher de les regarder.

La **santé** serait le troisième critère de beauté auquel nous réagirions. Selon des tests conduits par Davendra Singh, de l'université du Texas, les mâles sensibles à la jeunesse recherchent une femelle ayant l'âge de la plus grande fertilité. Pour la même raison, ils préfèrent des femmes de poids normal, correspondant aux critères d'une saine fertilité.

De leur côté, les femmes choisissent des géniteurs, façon James Bond ou Antonio Banderas, avec menton volontaire et sourcils fournis, signes d'un taux musclé de testostérone mâle. La silhouette a aussi son importance, même dans les peuplades ! « Nos femmes regardent un homme de beauté afin de pouvoir engendrer de beaux enfants, dit le peuple Peul. De même, le ventre de l'homme ne doit pas former de poches. Si sa peau forme des bourrelets, ce n'est pas un homme de bonne souche. »

Les critères humains de beauté restent donc, somme toute, le fruit d'un compromis entre la sélection sexuelle (pour maximiser la fertilité) et la sélection naturelle (qui favorise la survie de l'espèce à long terme). Avec raison. Sans appeler Darwin à la barre, ces lois du compromis et de la moyenne demeurent les meilleurs gages de survie des « singes nus » que nous sommes.

À notre insu, la beauté n'est donc pas un caprice : elle répond à des normes qui restent affaire de vie et de survie. La plupart des femmes étaient jadis petites et marquées par les conditions de vie difficiles. En conséquence, les beautés d'époque, telles que représentées sur les toiles de Véronèse ou de Rubens, ne montraient aucun signe d'usure ; elles étaient « charnues et pleines de vie », preuves que des maladies comme la tuberculose ou le choléra les épargnaient.

LE CHARME DU PROCHAIN MILLÉNAIRE

D'après Jean-Louis Heim, professeur d'anthropologie au Muséum national d'histoire naturelle, à Paris, le système circulatoire devrait devenir plus efficace dans 50 000 ans — le temps nécessaire aux mutations physiques, chez l'être humain. Comme la tuyauterie de nos jambes se perfectionnera, les varices deviendront peut-être de jurassiques vestiges. Quant au petit orteil, qui s'atrophie depuis trois millions d'années, il devrait encore raccourcir, sinon disparaître. Avec 28 dents plutôt que 32, la mâchoire devrait, elle aussi, perdre en puissance, amenant du même coup un rétrécissement du visage.

La beauté donne ainsi à voir le spectacle de la survie de l'espèce, débarrassée de toutes contingences — hier la maladie et l'usure, aujourd'hui les méfaits de la sédentarité et de l'âge. C'est donc mal connaître la nature humaine que d'attribuer à la seule dictature de l'image, l'actuel désir de beauté. Malgré les obstacles dressés sur son chemin, la chirurgie esthétique n'a jamais créé de demande ; elle n'a fait que répondre à celle qui existait déjà. Et loin d'être un factice effet de mode, elle n'a cessé depuis 5000 ans de refléter les différents visages de l'histoire, à son corps défendant…

HISTOIRE DE SE REFAIRE UNE BEAUTÉ

Les premières exfoliations (peelings) ont été décrites sur des papyrus égyptiens, 3500 ans avant notre ère, et Cléopâtre aurait pu, si elle l'eut voulu, changer la face du monde. Les médecins des pharaons savaient déjà redresser les nez tordus. Les nez amputés des femmes adultères avaient aussi incité les médecins hindous à inventer une technique de reconstruction nasale, il y a de cela deux millénaires.

Au Moyen Âge, le goupillon catholique devait toutefois s'abattre sur les doigts habiles tentés de modifier les dons (ou les oublis) de Dieu. En 1597, le chirurgien italien Gaspare Tagliacozzi — père de la chirurgie esthétique et auteur du premier manuel traitant du sujet — fut excommunié pour cause d'interventions réussies. Pour la même raison, le chirurgien de Napoléon dut se contenter d'exercer son savoir-faire sur les champs de bataille.

Longtemps reléguée au rôle de chirurgie de guerre, puis de reconstruction, la chirurgie deviendra pourtant esthétique au cours des deux dernières décennies du XIXe siècle. Tandis que le dermatologue allemand Paul Unna découvre le peeling, le Berlinois Johann Dieffenbach s'intéresse à la chirurgie du visage. À Paris, Dupuytren se passionne pour celle de la main, alors que l'Américain Edward Ely s'attaque aux prominoris (oreilles décollées).

Le XIXe siècle s'achève d'ailleurs avec une première réduction mammaire, réalisée en France. Quatre ans plus tard, une plastie de l'abdomen est effectuée, cette fois à Baltimore. Puis, Julien Bourguet devient un des premiers médecins à se préoccuper des poches sous les yeux et des pattes d'oie. De part et d'autre de l'Atlantique, ainsi les jeux sont-ils faits et les nez, à la veille d'être refaits, grâce au Berlinois Jacques Joseph et à l'Américain John Roe, pères de la rhinoplastie moderne.

GRANDEUR ET ÉLÉGANCE DE MADAME NOËL

Suzanne Noël fut la première femme à laisser son nom dans les annales médicales, en tant que chirurgien plasticien. Opérant sans masque, sans gants chirurgicaux et sans résille sur les cheveux, l'élégante Madame Noël connut néanmoins une brillante carrière auprès du Paris branché des années vingt.

Libéré du joug clérical et des suspicions religieuses, le siècle qui suit — le XXe — aimera passionnément cette toute nouvelle chirurgie esthétique. Pourtant, le parcours n'est pas sans erreurs. Les premières prothèses mammaires, mises au point en 1930, sont des boules de verre. Au début du siècle, des injections de vaseline puis de paraffine déforment un temps nez et visages. Ces interventions menacent de virer en procès, mais la Première Guerre mondiale vient stopper les dérapages. Envoyés au front, les chirurgiens se contentent alors de redonner une allure normale aux visages défoncés par les obus.

Une fois la guerre finie, les années folles seront marquées par l'audace et le progrès. Augmentations mammaires (avec du gras prélevé aux fesses), *face-lifts* (dès 1920) et poches sous les yeux gommées: tout bouge, de tous côtés, alors qu'on parfait les acquis. L'époque du charleston est également celle des peelings. Durant la Première Guerre mondiale, un médecin n'a-t-il pas réussi à effacer des cicatrices de brûlures faciales dues à la poudre à fusil? En émigrant à Los Angeles en 1930, sa fille, l'infirmière Antoinette La Gasse, apporte avec elle la recette du peeling au phénol, qui fera un tabac.

Mais la Deuxième Guerre mondiale jettera un voile sur les rêves de beauté. Renvoyés au front, les chirurgiens s'emploient de nouveau à rafistoler les visages abîmés. Par chance, rien ne se perd: les combats terminés, ces «médecins des bombes» (les Biesenberger, Gillies et MacIndoe en Angleterre, et Dufourmentel en France) deviendront les pères fondateurs de l'actuelle chirurgie esthétique. Leur succédera une génération de praticiens qui, bien qu'étant passés par le moule de la chirurgie réparatrice, consacreront toutes leurs énergies à une chirurgie du mieux-paraître, exclusivement esthétique.

LE LIFTING D'UN SIÈCLE

1952 Le Dr Abner Kurtin met au point la technique de la dermabrasion.

1959 La première greffe capillaire est effectuée par le Dr Norman Orentreich.

1961 La première chirurgie au laser est faite par le Dr Leon Goldman.

1977 Le Dr Lawrence Field fait connaître en Amérique la technique de la liposuccion, perfectionnée en France par le Dr Yves-Gérard Illouz.

1979 Sous la direction du Dr Arnold Klein, des chercheurs de l'université de Stanford emploient le collagène à des fins antirides.

1980-1990 Le relissage au laser, le traitement à la trétinoïne et le peeling à l'acide glycolique font les manchettes grâce aux Drs Larry David, Albert Kligman et Eugene Van Scott.

Depuis, les techniques esthétiques n'ont cessé de s'affiner. Les cicatrices sont devenues invisibles, enfouies dans les replis de la chair. Les rhinoplasties se sont faites subtiles, conservant un maximum de «personnalité» au nez. Dès 1970, de nouveaux protocoles opératoires touchant la musculature faciale ont donné au *face-lift* un modelé plus souple. Les convalescences sont enfin devenues plus courtes et moins douloureuses.

Les espoirs d'un mieux-paraître n'ont cependant pas pris une ride. En conséquence, la chirurgie esthétique s'attarde de plus en plus aux menus détails, aux corrections infimes, aux zones jusqu'alors vierges. Microdermabrasion, relissage au laser, microsuccion du menton ou implants d'acide hyaluronique : on n'arrête pas le progrès, encore moins le désir de beauté.

Pour toutes ces raisons, il serait temps de regarder en face les formidables possibilités qu'offre la chirurgie esthétique moderne, celle de l'an 2000. Car le «Connais-toi toi-même» de Socrate consiste désormais à découvrir comment la médecine peut répondre à nos désirs profonds.

LA CHIRURGIE COMME FORME D'ART

Vedette de l'art contemporain français, Orlan a subi neuf interventions esthétiques : pose d'implants de silicone au front, chirurgie des lèvres, liposuccion au bas du dos, etc. À 50 ans, Orlan ne désire pourtant pas mouler sa silhouette ou son visage sur ceux d'une top model. Son but est de susciter une réflexion sur le corps. Aussi remet-elle constamment son image en jeu grâce à des interventions esthétiques, qu'elle qualifie d'«art charnel».

Depuis 1990, chacune des chirurgies d'Orlan a donc été mise en scène et filmée, telle une performance d'art moderne. Du bloc opératoire où a été modifié le corps de l'artiste ont ensuite été tirés des dessins exécutés avec son sang, des reliquaires formés de ses chairs, des textes, des photos, des vidéos et des films. Ces derniers ont été transmis par satellite à plusieurs musées, dont celui de Beaubourg, à Paris.

La prochaine œuvre d'Orlan consistera en une immense sculpture, à l'intérieur de laquelle se dérouleront les interventions chirurgicales. Le tout sera ensuite transformé en installations vidéos interactives. La démarche d'Orlan, qui inclut toutes les déclinaisons possibles d'elle-même, se situe aux antipodes de celle de Cindy Jackson. Cette Américaine a été opérée 18 fois en 4 ans, dans l'unique but de ressembler à la poupée Barbie. D'où son surnom de «Barbie Doll».

LE PARCOURS DE L'OPÉRÉ

LE PATIENT : un être sous influence ?

LE CHIRURGIEN : pour un profil parfait

AVANT… c'est important ?

PENDANT : pour se réveiller frais comme une rose

ET APRÈS, c'est comment ?

Le patient : un être sous influence ?

Certains croient que seules des préoccupations esthétiques incitent des sujets en parfaite santé à passer sous le bistouri. Il convient ici de nuancer les choses : les gens consultent surtout parce que leur image corporelle ne les satisfait pas. À la base, il existe donc un stress, une souffrance qui peut miner l'estime de soi, fausser les rapports avec autrui ou compromettre les activités les plus courantes : travail, activité sportive, choix d'une tenue vestimentaire, etc.

En ce sens, la chirurgie esthétique apparaît d'abord comme une psychochirurgie ; c'est un acte médical qui soulage un malaise psychologique. Dès 1597, le père de la chirurgie esthétique, Gaspare Tagliacozzi, en l'honneur de qui on a érigé une statue en sa ville natale de Bologne en Italie, avait d'ailleurs noté que « nous faisons plus que (de) satisfaire l'œil, nous aidons l'esprit affligé ».

Nous aimons aussi oublier que nous portons en nous le fantasme inconscient d'une image idéale — les dieux et les beaux-arts n'existent pas pour rien. Le regard d'autrui nous retient d'étaler ce fantasme de perfection ; mais nous pouvons passer du fantasme à l'acte quand nos imperfections physiques, aussi « normales » soient-elles, nous paraissent intolérables. Plutôt qu'un caprice, c'est donc la motivation qui fait du patient potentiel un patient de chair et d'os.

Cette motivation peut être de plusieurs ordres. Certaines professions (mode, métiers artistiques, communications, etc.) imposent une apparence sans bajoues ni ridules. Entre deux candidats performants, celui dont l'image est la meilleure risque aussi de sortir gagnant. Plusieurs souscrivent donc à l'idéal collectif de beauté pour améliorer leurs chances de **promotion** ou prolonger leur **carrière.** Ils n'ont pas tort : des études américaines ont établi que les personnes physiquement avantagées par la nature gagnaient de 5 à 15 % de plus que leurs collègues moins favorisés sur ce plan.

La motivation peut aussi puiser sa force à même des ressorts **psychologiques.** Ici, on touche à la disgrâce qui afflige, au

> « Quand tu n'aimes pas quelque chose dans ton apparence physique, c'est une émotion que tu ressens. Tu peux essayer d'analyser cette émotion, elle ne t'en fait pas moins violence. »
>
> *Nadège, opérée pour des poches sous les yeux*

> « Cessons d'être hypocrites. La fille intelligente avec une grosse culotte de cheval, ce n'est pas elle que les hommes regardent. Pour ma part, j'aime séduire. Je me suis fait opérer d'abord pour moi, mais aussi pour plaire aux autres, parce que leurs regards m'apportent une immense satisfaction. »
>
> *Andrée, opérée pour une liposuccion*

défaut qui traumatise depuis l'enfance. On espère souvent que la communication avec autrui s'établira plus aisément après une chirurgie esthétique. De fait, en ayant un impact sur soi-même, une image rectifiée modifie les relations avec autrui.

De par sa nature, la chirurgie esthétique répond aussi au **désir de plaire** à soi ou aux autres, qu'il s'agisse de rides effacées ou d'une silhouette remodelée. À la suite d'une plastie, un acte inscrit à même la chair, on ne s'étonnera pas que la vie sexuelle connaisse souvent un regain.

À côté de ces motivations valables, il y en a d'autres qui le sont beaucoup moins. L'**obésité** ne relève pas de la chirurgie esthétique : ce problème devrait d'abord avoir été réglé avec l'aide d'un diététiste ou d'un médecin. Le patient qui est **déprimé** ou qui traverse une période difficile peut également avoir l'illusion qu'une modification physique réglera ses problèmes. Certains attendent enfin d'une intervention des résultats qu'aucun chirurgien au monde ne peut leur garantir : retour d'un mari volage, carrière brillante, etc.

Parmi les sujets inopérables, citons enfin les cas de **dysmorphophobie,** une pathologie qui afflige environ 2 % des adeptes de la chirurgie esthétique. Le sujet qui souffre de troubles dysmorphiques corporels va d'horreur en horreur, découvrant chez lui des défauts renouvelés *ad nauseam* — ventre flapi, cuisse ronde ou profil maudit. La source de la dysmorphophobie n'est pourtant pas le miroir, et encore moins la chair. Seul le désespoir fait que, devant la glace, le regard sur son propre corps amène une souffrance qui s'aiguise, jour après jour, alors qu'une voix intérieure répète inlassablement au dysmorphophobique : « Tu es laid. »

Pour cette raison, le dysmorphophobique qui recourt à la chirurgie esthétique reportera inévitablement son angoisse sur une autre partie de son

> « Une chirurgie esthétique règle ton problème d'image. Mais tout autre problème qui demeure te rattrapera vite au tournant. »
>
> *Hélène, opérée pour une augmentation mammaire*

> « Tes proches ne t'aiment pas seulement pour ton nez, tes oreilles ou tes hanches. Il est donc compréhensible qu'ils veuillent te conserver telle quelle. C'est plus rassurant pour eux. Mais si tu les écoutes, c'est toi qui resteras mal dans ta peau. »
>
> *Fabienne, opérée pour une liposuccion*

corps. Comme on refuse de mettre à la diète un anorexique, mieux vaut donc refuser toute chirurgie au dysmorphophobique, sous peine d'aggraver son état. On lui rendra service en l'orientant plutôt vers une aide psychologique.

Néanmoins, même quand la motivation d'un patient semble valable, le premier réflexe de l'entourage consiste parfois à nier l'insatisfaction avouée. On répète à celui qui ne s'aime pas qu'on l'aime tel quel. On le rassure, mais on tâche surtout de se rassurer soi-même. Après tout, n'est-il pas plus réconfortant d'aimer ce que l'on connaît déjà, aussi imparfait soit-il ?

Il est paradoxal que l'on dénie ainsi à l'être aimé — du moins, en paroles — le droit au changement. Dans ce domaine, le **conjoint** a souvent une attitude précise. Ou il considère que tout est très bien comme ça (de son point de vue, la chose est exacte), ou il encourage sa douce moitié à faire appel à une chirurgie de l'amélioration, respectant sa motivation et la soutenant dans sa décision.

Pour sa part, la **famille** se montre parfois réfractaire aux modifications physiques, les percevant comme une distanciation à l'égard du patrimoine familial. Après tout, quand trois générations ont fièrement affiché un nez aquilin, celui-ci devient un legs à préserver ! Pareillement, les enfants n'encouragent pas forcément leurs parents à subir une chirurgie esthétique. Il est vrai que cette dernière modifie l'image intangible de la mère et qu'elle met en évidence les désirs de la femme. Par chance, certains comprennent les aspirations maternelles. De même, la **meilleure amie** sera souvent celle qui accompagne, rassure et aide, avant comme après l'intervention.

On remarquera enfin l'influence des **médias** sur l'opinion que l'on peut avoir de la chirurgie esthétique. Soit les

> « “ Tu vas souffrir ”, m'a prévenue ma mère. J'aurais pu lui rétorquer que ça faisait 28 ans que je souffrais en silence. Aussi bien régler le problème, une fois pour toutes. »
>
> *Marie, opérée pour une rhinoplastie*

reportages s'attardent aux catastrophes, garantes de cotes d'écoute, soit les magazines féminins exaltent les améliorations esthétiques, donnant les mêmes pouvoirs embellissants au chirurgien et au coiffeur !

Aux confins de l'art, de la médecine, de la psychologie et des progrès techniques, la chirurgie esthétique devrait échapper à pareilles équations réductrices. Il faudrait garder en mémoire que chaque intervention est unique, en ce qui a trait à la motivation et à la guérison. Mieux vaut donc en connaître les mille facettes. Et la première préoccupation, qui hantera souvent le patient en quête de beauté et de mieux-être, se traduira par la recherche d'un bon médecin.

Le chirurgien : pour un profil parfait

Avant de se retrouver sur une table d'opération, on aimerait avoir pu consulter une liste de professionnels surdoués, avec garanties bétonnées et références à tous crins. Mais les choses sont plus complexes, et on ne choisit pas son plasticien comme on décide de la couleur de sa moquette. En outre, une forte demande pour certaines interventions, conjuguée à l'absence de réglementations, incite désormais des généralistes ou des spécialistes (ophtalmologistes, dentistes, oto-rhino-laryngologistes, gynécologues, etc.) à se découvrir une tardive vocation de plasticien, au terme de quelques week-ends de formation.

Avec un peu de chance, il est possible que tout se passe bien. Mais à vrai dire, seul un **spécialiste en chirurgie plastique et esthétique** a la technique et l'expérience requises pour procéder. Selon l'Association des spécialistes en chirurgie plastique et esthétique du Québec, il n'est pas superflu d'exiger du médecin un document écrit attestant de sa formation en chirurgie esthétique et de son expertise — comme la chose se fait dans certains pays, notamment en France.

À défaut de telles références, il reste possible de vérifier la reconnaissance professionnelle du praticien auprès de son association, ou encore de s'enquérir du nombre d'opérations similaires déjà pratiquées. Inutile toutefois de chercher de l'information auprès du Collège des médecins du Québec. Du moment qu'un acte médical légal est accompli à la demande d'un patient, l'organisme n'en contrôle pas la qualité.

Le titre de docteur en chirurgie plastique et esthétique a néanmoins ses limites. Un plasticien peut faire preuve d'une bonne dextérité, mais d'un piètre sens artistique ; être champion d'une technique au détriment des autres ; connaître la chirurgie mais négliger la psychologie. Les meilleurs critères pour jauger l'expertise globale demeurent le bouche à oreille et les **références** de patients satisfaits. Certains auxiliaires œuvrant dans les milieux de la santé ou

> « J'ai consulté trois médecins, puis j'ai choisi celui qui me semblait le plus professionnel et le plus chaleureux. »
>
> *Benoît, opéré pour une rhinoplastie*

de la beauté (infirmières, médecins, esthéticiennes) sont aussi à même de juger la réussite d'une intervention ou d'un traitement, par exemple en observant des cicatrices fines, discrètes et symétriques.

En cabinet médical, d'autres indices donnent une idée de la qualité du service professionnel offert. En premier lieu, le chirurgien doit savoir écouter. Il doit faire preuve de **tact** et de **psychologie** afin d'être en mesure d'écarter les mauvais can-

AILLEURS, C'EST COMMENT ?

• Au Japon, le salon de coiffure peut jouxter le cabinet du chirurgien qui débride les paupières ou gonfle les nez plats. La silicone est même employée pour allonger les pénis !

• En Amérique du Sud, la chirurgie esthétique est florissante, malgré des coûts élevés (une rhinoplastie pratiquée en clinique correspond au salaire d'un mois de travail). Depuis la Deuxième Guerre mondiale, alors que des nazis en fuite se faisaient opérer le visage pour le rendre méconnaissable, l'Amérique du Sud a conservé la passion de l'esthétique.

• En France, les statistiques des compagnies médicales indiquent qu'en 1993 quelque 4000 médecins s'intéressaient à la chirurgie esthétique, alors que 462 étaient reconnus chirurgiens qualifiés. Au pays de Rimbaud, des titres poétiques causent aussi la confusion.

• Aux États-Unis, les tarifs sont deux à trois fois plus élevés qu'au Canada, et les modes sont nombreuses, surtout sur la côte ouest. Cependant, les bons praticiens pullulent et il est possible d'y obtenir certains types de prothèses (notamment en corail), interdits au Canada. En 1994, les interventions les plus populaires ont été la liposuccion des cuisses (51 072 interventions), l'augmentation mammaire (39 247), la correction du nez (35 927), le lifting facial (32 283), le lifting fessier (31 400), le peeling chimique (29 072), les injections de collagène aux lèvres (27 052), la suppression des bourrelets au ventre (16 829) et le lifting mammaire (10 053).

• Au Québec, les interventions les plus courantes restent la liposuccion et l'augmentation mammaire. Largement tributaire des techniques américaines, la chirurgie esthétique y est plus abordable, tout en étant plus populaire que dans le reste du Canada. Pour des références, voir page 166.

didats, sur le plan physique ou psychologique. Il doit être capable de refuser une chirurgie. À l'inverse, il doit pouvoir expliquer, avec **clarté** et **précision,** quelle intervention est possible, pourquoi et comment.

Le plasticien doit également préciser la chronologie des chirurgies projetées, ainsi que les risques par rapport aux bénéfices escomptés. Il doit pouvoir fournir les références de patients satisfaits. Et s'il illustre son propos par des photos « avant/après », il doit le faire *en soulignant l'unicité de chaque cas.*

Fait à noter, le chirurgien est tenu à une **obligation de moyens,** et non de résultats (voir page 163). S'il doit tout mettre en œuvre pour parvenir à l'objectif souhaité, il ne peut le garantir. Les complications ne sont jamais planifiées, pas plus que les mauvaises cicatrisations. C'est dire qu'il faut se méfier d'un praticien qui promettrait que « tout ira très, très bien », tout en gardant en mémoire qu'une chirurgie esthétique, bien menée et assortie d'un bon suivi, donne généralement satisfaction.

Le rôle du chirurgien plasticien ne se limite pas à celui de consultant. Il examine le patient et lui prescrit des examens généraux (bilans sanguins, analyses d'urines, radiographies, etc.) ou plus poussés, en cas de problème de santé (diabète, trouble cardiaque, etc.). Le plasticien dirige aussi une équipe médicale composée d'anesthésiste(s), d'infirmière(s), d'auxiliaire(s), de secrétaire(s), de réceptionniste(s), etc. Au sein de cette équipe, l'infirmière joue souvent un rôle clé. Lors des soins postopératoires, elle assure un suivi de tous les instants, rassurant le patient et prodiguant des conseils. Il est donc important que le patient se sente bien accueilli par tout le personnel médical qui entoure le plasticien. La médecine esthétique reste un travail d'équipe, et non le fait d'un seul individu.

EN CONCLUSION

1. Recherchez des références et fiez-vous aux témoignages de patients satisfaits.

2. Prenez plusieurs avis médicaux si vous vous sentez insécure, mais ne choisissez pas d'aller là où le prix est le plus bas. Tenez compte des compétences du plasticien, de ce qu'il vous propose et de la confiance qu'il vous inspire. Ses années d'expérience sont un atout, en autant que son œil et sa main aient conservé de bons réflexes.

3. Demandez un devis (comprenant les honoraires du chirurgien et de l'anesthésiste, les prix des médications, des pansements, des prothèses, etc.) et entendez-vous sur les modalités de paiement. Renseignez-vous sur ce qu'il advient en cas d'insatisfaction ou de retouches (certains les font gratuitement, d'autres exigent un tarif).

4. Prenez votre décision à tête reposée, quand vos doutes et vos inquiétudes auront été dissipés et que vous vous sentirez pleinement en confiance.

Avant… c'est important ?

Voilà, c'est fait. Lors du premier rendez-vous avec le plasticien, vous lui avez exposé ce que vous désirez, tout en jaugeant l'accueil reçu. Par la suite, vous avez recueilli des informations précises sur les honoraires, la technique opératoire, l'anesthésie, la douleur et les changements esthétiques possibles. Vous vous êtes aussi renseigné sur la durée de l'arrêt de travail, la convalescence, la cicatrisation, les complications possibles et le suivi postopératoire.

Certes, vous pouvez avoir tout compris en deux rendez-vous… mais l'inverse est également possible. Une étude a révélé que les patients mémorisaient en moyenne 20 % des informations transmises. En conséquence, il ne faut pas hésiter à communiquer au plasticien toute nouvelle interrogation. Le personnel médical peut d'ailleurs répondre à plusieurs d'entre elles, allant de l'hygiène aux activités permises. Pour votre part, peut-être préférerez-vous noter certaines questions à l'avance, pour être certain de n'en oublier aucune. Vous voudrez peut-être poser les questions suivantes.

- Si j'ai déjà subi une intervention de chirurgie esthétique (précisez laquelle et l'année de l'intervention), cela peut-il poser des problèmes ?
- Est-il possible de voir sur ordinateur les résultats projetés ?
- À quel degré devrai-je être anesthésié? Quels sont les avantages et les inconvénients de chacune des anesthésies possibles ?
- À quels résultats puis-je m'attendre ? L'expression de mon visage sera-t-elle modifiée (s'il s'agit d'une chirurgie des paupières, d'un *face-lift* ou d'un lift frontal, par exemple) ?
- Une hospitalisation sera-t-elle nécessaire ?
- Devrai-je être accompagné, après l'intervention ?
- Devrai-je prévoir quelques jours en maison de convalescence ?
- Devrai-je modifier certaines habitudes ? (Oui, dans tous les cas.)
- Quand devrai-je revoir le médecin ?
- Dans combien de temps les résultats définitifs seront-ils visibles ?
- Devrai-je prévoir des retouches ? De quel genre et dans combien de temps ?
- Quelles sont *toutes* les complications possibles ?
- Si je n'aime pas les résultats, quelles seront les solutions possibles ?
- Combien coûte l'intervention ?
- Quel suivi est offert en dehors des heures de bureau, soit durant la nuit, les week-ends ou les vacances ?

C'EST VRAI... ENFIN, PRESQUE !

Ça ne fait pas mal. Quoique certaines chirurgies (augmentation mammaire, rhinoplastie, lipectomie abdominale) se fassent sous anesthésie générale, la plupart d'entre elles se déroulent sous anesthésie locale, assortie d'une forte dose de sédation. L'état de relaxation est alors si total que le patient « conscient » peut même avoir envie de jaser avec le chirurgien. Après l'intervention, la douleur varie d'un individu à l'autre. Une panoplie d'analgésiques permettent toutefois de contrôler la douleur, si besoin est.

Les cicatrices sont invisibles. Les cicatrices (paupières, lifting, liposuccion, etc.) sont imperceptibles parce qu'elles sont dissimulées dans les plis de la chair ou sous les cheveux. Elles peuvent aussi consister en un trait fin qui s'estompera au fil des ans.

On peut subir plusieurs chirurgies à la fois. Ces chirurgies, dites multiples, se pratiquent de plus en plus aux États-Unis. Plusieurs interventions simultanées rendent parfois, mais pas toujours, la convalescence plus pénible.

Après, tout ira bien. Outre les possibles complications, la convalescence peut être marquée par une légère fatigue. On peut aussi avoir nourri de faux espoirs. Le meilleur moyen de prévenir les déceptions est de garder une bonne communication avec son plasticien. Ainsi, avant de partager son insatisfaction avec son entourage, on devrait d'abord en informer son praticien.

• En cas de problème, qui assumera les frais si je dois subir une autre chirurgie ?

Une chirurgie esthétique, quelle qu'elle soit, reste un acte médical aux conséquences durables. Pour obtenir le meilleur résultat possible, vous devez donc suivre *à la lettre* le mode d'emploi présenté ci-dessous.

UN MOIS AVANT

• En cas de maladie, obtenez l'accord écrit de votre médecin traitant habituel. Un problème de santé incontrôlé peut entraîner le report d'une chirurgie esthétique.

• Gardez un poids stable, notamment si vous prévoyez une chirurgie du visage, des seins, de l'abdomen, des cuisses, des fesses ou de la culotte de cheval.

DEUX SEMAINES AVANT

• Oubliez le tabac et les substituts de nicotine (de type *Nicorette*). Évitez aussi de fréquenter des fumeurs. Les substances toxiques du tabac provoquent une contraction des vaisseaux sanguins. En plus d'une mauvaise cicatrisation, fréquente chez les fumeurs, cette vasoconstriction peut entraîner une perte de peau (nécrose) dans la zone où sera pratiquée l'intervention. La cigarette peut enfin provoquer des nausées, des vomissements ou une toux après une anesthésie générale, ce qui accroît les risques de saignement.

• Portez un toast d'adieu (temporaire, bien sûr!) à l'alcool, notamment au vin rouge. Bières, vins, apéritifs et spiritueux peuvent aggraver les hématomes (bleus) en fluidifiant le sang.

• Bannissez l'aspirine et les médicaments à base d'aspirine, ainsi que les antigrippaux, vu leurs propriétés éclaircissantes sur le sang (*Acétophen, Alka-Seltzer, Anacin, Anadol, Anaprox, Ancasal, Antalgine, Antidol, Apo-Asen, Aspergum, Asadrine C-200, Asafen, Asasantine, Askit, Astrin, APF, ASA, Bufferin, Calmine, Casse-Grippe Cunard, Coriciden D, Coryphen 325 ou 650, Darvon composé, Dristan, Ecotrin, Entrophen, Exedrin, Fiorinal, Frosst (217-22-292), Idarac, Instantine, Kalmex, Madelon, Meda, Midol, Momentum, Multi Dol, Neo Tigol, Nervine, Norgesic, Novasen, Panadol, Paradon, Rhinaphen, Riphen-10, Robaxisal, Sine-Off, Sinutab, Supasa, Superdo, TRC Templeton*).

• Proscrivez les anti-inflammatoires, susceptibles d'augmenter les risques de saignement (*Indocil, Motrin, Naprosyn, Orudis, Voltaren*).

• Mettez de côté l'ail et la vitamine E, pour les mêmes raisons.

• Une chirurgie impose un stress physique et mental à l'organisme. Préparez-vous à l'intervention avec une bonne hygiène de vie et un sommeil réparateur.

UNE SEMAINE AVANT

• Adoptez une alimentation équilibrée mais allégée en gras, afin de ne pas stimuler la formation de bile.

• Demandez à une personne de votre entourage de vous accompagner pour le retour à la maison si vous devez subir une anesthésie générale ou mitigée. Prévoyez ne pas être seul lors de la première nuit suivant une anesthésie générale (celle-ci provoque parfois de légers cauchemars).

L'ERREUR CLASSIQUE

En dépit du feuillet d'informations qui leur est remis, nombreux sont ceux qui négligent les règles à suivre, avant et après une chirurgie esthétique. Les patients ont pourtant intérêt à relire, deux fois plutôt qu'une, les indications données... Il y va du succès de l'intervention!

LA VEILLE

• À partir de minuit, la veille d'une anesthésie générale, soyez à jeun et n'avalez même plus un verre d'eau. Cela réduira les nausées futures et les risques de vomissements.

• Douchez-vous au Spectro-Jel.

LE MATIN

• Douchez-vous au Spectro-Jel.

• Portez des vêtements confortables n'exigeant pas d'être enfilés par la tête, sourtout si une chirurgie du visage ou du cuir chevelu est prévue.

• Laissez à domicile bijoux et accessoires.

• Si vous êtes allergique à certains médicaments, comme la pénicilline, dites-le au chirurgien. Informez-le des nausées subies lors d'anesthésies antérieures.

... ET JUSTE AVANT

Ça y est, le jour J est arrivé! Après avoir réglé les **frais** d'opération, vous rencontrez une technicienne qui prend en **photo** la zone à opérer, sous plusieurs angles. Ces photos, versées à votre dossier, serviront à mesurer l'amélioration obtenue de façon objective.

Une fois vêtements et effets rangés, vous enfilez jaquette et pantoufles. Puis, vous signez un **formulaire de consentement.** Une infirmière vérifie vos **signes vitaux** (pression artérielle et pouls) et note l'heure de cette vérification. En guise d'ultime vérification, vous remplissez un **questionnaire médical** détaillé sur votre état de santé et vos antécédents médicaux. Trente minutes avant l'intervention, vous recevez une **prémédication** destinée à vous détendre (avouez que vous êtes quand même un peu nerveux...) et à prévenir les douleurs.

Sur la table d'opération, le chirurgien tracera sur votre corps ou sur votre visage les **dessins opératoires.** Ceux-ci lui serviront de points de repère. Après avoir désinfecté la zone à opérer, il procédera enfin à la chirurgie.

Intervention	Douleur	Arrêt de travail (en jours)	Guérison (approx.)
Lifting	oui	15	1 mois
Liposuccion (cuisses)	oui	4	6 mois
Paupières	légère	7	1 mois
Nez	moyenne	7	2 mois ou plus
Oreilles	moyenne	7	15 jours ou plus
Plastie abdominale	oui	15	2 mois
Seins	oui	7	2 mois
Peeling (ATCA)	moyenne	7-10	15 jours
Collagène	légère	0	0
SoftForm	légère	3	15 jours

Pendant : pour se réveiller frais comme une rose

Aucune chirurgie esthétique n'est pratiquée à froid. Par chance, les produits anesthésiants sont désormais plus efficaces contre la douleur, moins allergisants et modulables à souhait, rendant possibles plusieurs types d'anesthésies.

Toutes les interventions esthétiques font appel à une anesthésie **locale,** au niveau du site chirurgical (paupières, front, lèvres, etc.). Le patient est donc conscient, mais il ne sent rien, un peu comme chez le dentiste. En comparaison, l'anesthésie **mitigée** est une anesthésie locale à laquelle on adjoint une perfusion intraveineuse de sédatifs, ce qui en fait une anesthésie d'une force variable (le patient est plus ou moins éveillé).

Avec l'anesthésie **générale,** plus puissante, le patient sombre dans l'inconscience. En conséquence, ce type d'anesthésie exige toujours la présence d'un anesthésiste. Ce spécialiste veille aux signes vitaux du patient (pouls, rythme cardiaque, tension artérielle, respiration, quantité d'oxygène, etc.), grâce au monitorage, une surveillance électronique pointue. Il remplit aussi d'autres fonctions importantes. Au cours d'une liposuccion, il voit à l'équilibre biochimique de l'organisme en veillant à ce qu'un soluté salin remplace les fluides excrétés en même temps que les graisses.

Pour qu'une anesthésie se déroule sans anicroches, la collaboration de l'opéré représente un atout. Comme l'anesthésiste doit souvent travailler en bouche, il doit être informé de l'état de la dentition du patient, savoir si ce dernier porte un pont ou une couronne dentaire. Les problèmes de santé chroniques (diabète, hypertension, asthme, maladie cardiaque, etc.) ainsi que les allergies ou les réactions d'intolérance observées lors d'anesthésies antérieures doivent aussi lui être communiqués. Une infection respiratoire peut compliquer les choses au point de commander le report de l'intervention.

À compter de minuit, la veille d'une anesthésie générale, il est préférable de jeûner et de ne plus boire, ne serait-ce qu'un verre d'eau. Le matin d'une anesthésie mitigée ou locale, il vaut mieux déjeuner de façon légère, pour éviter les nausées ou les vomissements. Une tisane est également préférable au café ou au thé habituel, car les substances stimulantes font mauvais ménage avec la prémédication donnée au patient avant l'intervention. Après une anesthésie générale ou mitigée, l'esprit est encore confus. Une escorte évitera les accidents et les chutes aux conséquences fâcheuses.

LA FOIRE AUX QUESTIONS

Serai-je éveillé pendant la chirurgie ?
Le degré d'anesthésie dépend de la nature de l'intervention et de la surface à traiter. Le patient subit toujours une anesthésie locale lors d'une intervention esthétique, mais ce type d'anesthésie a ses limites : au-delà de certaines doses, l'anesthésiant devient toxique. D'où la nécessité de recourir dans certains cas à une anesthésie générale.

Comment puis-je subir une anesthésie et sortir de la clinique la journée même ?
Les nouveaux médicaments procurent une inconscience profonde mais rapidement réversible. En d'autres mots, le patient s'endort en douceur, mais il émerge vite de son sommeil, ce qui facilite les choses en clinique privée.

Je crains d'être malade après une anesthésie générale.
Les nouveaux produits entraînent moins d'effets secondaires que ceux qu'on utilisait autrefois. Mais il est vrai que l'intubation requise pour une anesthésie générale peut causer une petite toux postopératoire. Raison de plus pour cesser de fumer, au moins 15 jours avant l'intervention.

Et après, c'est comment ?

Après une chirurgie esthétique, on aimerait constater que ce qui était souhaité depuis longtemps a été obtenu sur-le-champ. Mais la chirurgie esthétique ne tient pas de la magie et la remise en forme des tissus suit plusieurs étapes qui exigent temps et patience.

Toute cicatrice cutanée passe par trois phases. D'abord belle et fine, elle traverse ensuite une période inflammatoire, avant de s'assouplir graduellement. Si la résorption de l'enflure s'étend sur quelques mois, l'assouplissement des tissus peut s'étaler sur une période d'un an, selon le type d'incision, la zone incisée et les caractéristiques génétiques de chacun. À titre d'exemple, un patient ayant subi une rhinoplastie est présentable 10 jours après l'intervention. Le nez refait met pourtant un an à se « placer ». Durant cet intervalle, il est normal que divers symptômes (picotements, fourmillement, etc.) signalent sa guérison progressive.

La convalescence étant marquée par le passage d'une phase à une autre, il est sage de prévoir, au départ, une semaine de repos complet afin d'éviter le stress et de mettre toutes les chances de son côté. Selon l'intervention effectuée, les activités quotidiennes seront ensuite reprises petit à petit, avec prudence et modération.

Pour cicatriser en beauté, la peau requiert en premier lieu beaucoup d'oxygène. Pour cette raison, il est impératif de ne pas fumer dans les deux semaines suivant une chirurgie esthétique. Le soleil devra aussi être considéré comme un ennemi pendant plusieurs mois. Des cicatrices exposées aux rayons UV (incluant ceux des cabines de bronzage) pourraient en effet prendre une coloration brunâtre irréversible. De même, tout ce qui favorise l'enflure (sauna, alcool, sel, épices) peut nuire à la guérison.

Selon le type d'intervention, plusieurs autres consignes devront être suivies. Des sacs de glace (ou des petits pois congelés) posés sur les paupières opérées aideront à réduire l'enflure. S'il y a eu chirurgie du nez, un humidificateur placé dans une pièce fraîche facilitera la respiration. En cas de *face-lift,* il faut dormir en position semi-assise pour accélérer la résorption de l'œdème, alors que les femmes ayant subi une réduction ou un redrapage des seins dormiront sur le côté. Pour leur part, les opérés de l'abdomen s'abstiendront de se tenir droit debout, afin d'éviter toute traction à la peau.

Quelle que soit l'intervention pratiquée, l'après-chirurgie doit être un temps de récupération. Ce n'est pas le temps de jogger à perdre haleine, de passer l'aspirateur de la cave au grenier, de multiplier les longueurs de piscine ou d'enfourcher un vélo. Il faut donner à la chair le temps de prendre un bon pli. Dans ce but, le port d'une gaine de contention est inévitable durant les mois suivant une liposuccion ou une chirurgie de l'abdomen.

De leur côté, les opérées du sein proscriront les mouvements pouvant tirailler les glandes mammaires (aérobie, port d'objets lourds) et elles porteront un soutien-gorge adapté à leur nouvelle condition. Bref, dans tous les cas, il faut épargner d'inutiles torsions à la peau.

Par chance, la convalescence a ses bons côtés. C'est la période idéale pour s'offrir les soins d'une esthéticienne qualifiée. Cette professionnelle de la beauté peut nettoyer les tissus en voie de guérison, rafraîchir un visage grâce à des soins hydratants ou donner des conseils judicieux pour réussir un maquillage correcteur. Le drainage lymphatique et le massage aident aussi à éliminer l'œdème, assurant du coup une meilleure guérison. Il en est de même pour les massages aux seins, qui permettent aux glandes dotées de prothèses de conserver un galbe moelleux.

Malgré les précautions et les soins entourant l'intervention, l'après-chirurgie peut être marqué de complications. Dans certains cas, le sang s'infiltre hors de l'incision suturée. Si une pression n'arrête pas cette **hémorragie externe,** le plasticien devra peut-être rouvrir l'incision. Le saignement d'un petit vaisseau sanguin peut aussi induire un **hématome** causé par un effort excessif, une pression sanguine trop élevée ou une médication perturbant la coagulation. S'il est petit, il se résorbera de lui-même, mais s'il est étendu, il devra être ponctionné pour ne pas provoquer de pression et de douleur.

L'**infection** gagne parfois toute la plaie. D'où l'importance de ne pas faire macérer des incisions fraîches dans l'eau, de garder des pansements propres et de recourir aux antibiotiques, si nécessaire. Plus imprévisible et plus sournoise, la **nécrose** est une ulcération du tissu : faute d'oxygène, la peau se décolore et forme une croûte brunâtre, puis noire. Cette croûte se détache lorsque les tissus sous-jacents guérissent, laissant derrière elle une large cicatrice. Si une nécrose derrière l'oreille ne cause qu'un léger préjudice esthétique, elle hypothéquera lourdement une chirurgie des seins ou de l'abdomen.

Enfin, il arrive qu'une suture grossière ou une traction excessive qui a « forcé » la peau laisse une **cicatrice anormale.** Pour des raisons mystérieuses, certaines personnes sont prédisposées aux troubles de cicatrisation. Chez ces patients, une cicatrice peut s'élargir jusqu'à ressembler à une grosse vergeture disgracieuse, ou guérir en formant un cordon épais (une chéloïde), un problème que rencontrent plus souvent les personnes de race noire. La cicatrice peut aussi devenir brune ou pigmentée, plus ou moins rouge ou blanche que la zone cutanée avoisinante.

Certaines régions du corps (dont l'abdomen, le thorax et les épaules) ont aussi tendance à moins bien cicatriser. Si, par exemple, les paupières guérissent souvent sans problème, les cuisses sont plus susceptibles d'être marquées de sillons qui, en s'élargissant, glisseront sous la culotte bikini au point de devenir apparents.

Bien qu'on puisse améliorer l'aspect d'une vilaine marque, une belle cicatrice lisse reste la solution la moins angoissante. Il est donc impératif d'offrir de bonnes conditions de guérison à la peau, tout en étant conscient que certains effets secondaires sont parfaitement normaux. Bref, il vaut mieux prévoir de façon lucide que l'après-chirurgie puisse être une période marquée d'inconfort, de doutes et d'une légère fatigue, et s'y préparer adéquatement.

LA FOIRE AUX QUESTIONS

Quels sont les signes d'une infection ?
De la rougeur, de la douleur, une chaleur localisée, un écoulement de pus et de la fièvre, qui se manifestent quelques jours après l'intervention.

Comment prévenir l'infection ?
Il faut éviter de faire tremper une plaie suturée dans l'eau du bain ou de la piscine. Pour tenir une incision propre et sèche et freiner la prolifération microbienne, on peut aussi utiliser du mercurochrome.

Y a-t-il des chirurgies qui exigent plusieurs jours d'hospitalisation ?
Oui, c'est le cas de certaines chirurgies abdominales. Mais, dans la grande majorité des cas, le patient retourne à domicile, quelques heures après l'intervention.

Il est donc superflu de prévoir quelques jours en maison de convalescence ?
Au contraire ! Si la chirurgie est exigeante, si le patient est fatigué ou nerveux, s'il a de lourdes charges domestiques, il a intérêt à s'offrir une semaine de repos dans un lieu de convalescence. Dans ce contexte, il ne pourra mettre à exécution ses idées subites… comme jardiner, frotter la cuisinière ou laver les carreaux ! En outre, il sera entouré d'un personnel infirmier qualifié.

Devrai-je modifier certaines habitudes après la chirurgie ?

Oui. Chaque chirurgie impose ses contraintes. Des gestes et des activités en apparence banals devront être proscrits durant des jours ou des semaines, tandis que des soins inhabituels seront mis au programme.

Combien de temps de convalescence dois-je prévoir ?

Il faut prévoir une semaine de repos complet. Par la suite, tout dépend de la chirurgie subie.

Après combien de temps pourrai-je reprendre une vie sexuelle normale ?

Après une semaine de repos, les rapports sexuels sont possibles même dans le cas d'une chirurgie mammaire, d'une liposuccion ou d'une abdominoplastie. Bien entendu, il faut faire preuve d'une certaine modération…

LE VISAGE ET LE CORPS

Le *face-lift* : pour remonter le temps

Il y a 20 ans, lorsqu'on disait d'une femme qu'elle s'était fait « remonter le visage », la remarque n'avait rien de flatteur. Par chance, les techniques ont évolué tout autant que les mentalités. Le lifting moderne n'est plus une intervention standard s'appliquant de façon indifférenciée. Il s'adapte désormais à chacun en fonction de l'âge, du tonus de la peau et des corrections désirées.

Tout lifting consiste essentiellement à redraper des tissus relâchés. Le lifting classique ne s'appliquait qu'à la chair. Avec le lifting SMAS (l'acronyme du système musculo-aponévrotique superficiel), le chirurgien incise la peau, la décolle, aspire l'excédent de graisses au niveau du cou et resserre les muscles sous-cutanés pour obtenir un modelé plus naturel. Il replace ensuite la peau en réglant soigneusement sa tension. La chair excédentaire est excisée et finement suturée. Cela fait, le plasticien place parfois un drain de chaque côté du visage avant d'enrouler un bandage compressif autour de la tête.

Quoique la procédure soit toujours similaire, il existe plusieurs types de liftings. Certains n'affectent qu'une zone circonscrite (tempes, front, cou, etc.), alors que d'autres remodèlent l'ensemble ou une bonne partie du visage. Le **lifting cervico-facial** rafraîchit ainsi la presque totalité de la face. Ses incisions, qui suivent le contour de l'oreille pour se fondre dans la nuque, ainsi que son décollement très large permettent de remonter le cou et toute la partie basse du visage.

Visage jeune, bien structuré

Visage après évolution dans le temps

1. Descente des pommettes
2. Plis nasogéniens
3. Bajoues
4. Bandes cervicales, adiposité cervicale
5. Incision à l'intérieur de la ligne des cheveux

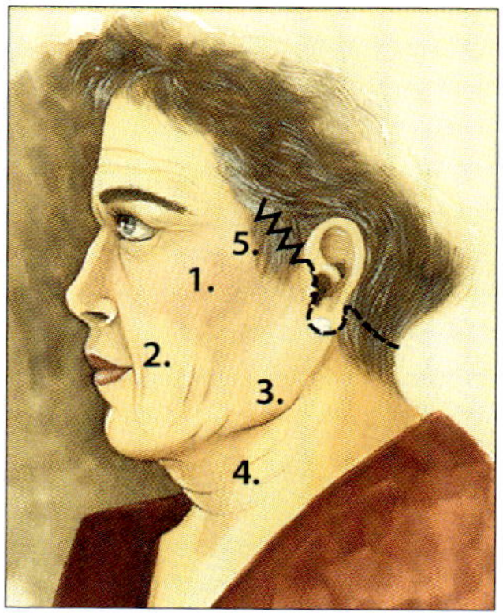

LE CANDIDAT IDÉAL

C'est un non-fumeur à la peau fine, avec un visage sans graisse et à l'ossature bien marquée. Sa peau présente un bon tonus et il suit les recommandations du médecin, avant et après la chirurgie. Il évite aussi le bronzage et les fluctuations de poids.

Le **demi-lift supérieur** s'adresse plutôt aux candidats dont les joues sont devenues bajoues et fanons La procédure ressemble à celle d'un lift ng cervico-facial, sauf que l'incision ne descend pas plus bas que l'oreille. Le **demi-lift cervical** (ou **lift inférieur**) convient davantage aux cous abîmés. Avec le temps, les muscles de cette région raccourcissent, entraînant la formation de bandes en forme d'arc. En sectionnant la partie inférieure du muscle cervical (le platysma), on permet à ce dernier de « remonter ». On obtient ainsi un raffermissement de l'ovale du visage.

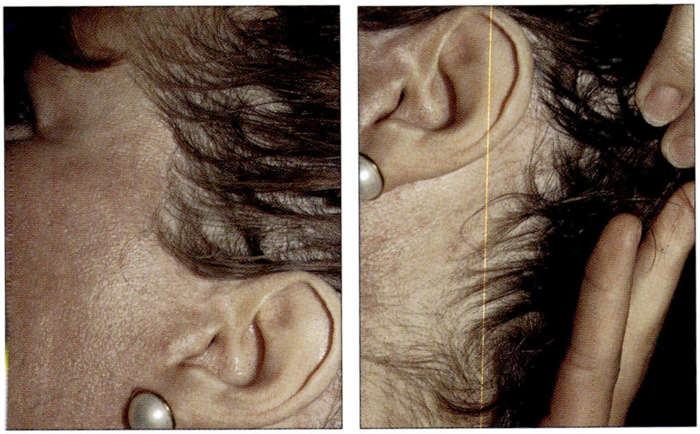

Cicatrice d'un *face-lift* 6 mois après l'opération
Femme de 52 ans

Le **lift frontal** efface quant à lui les rides du front et la « griffe du lion » (entre les sourcils). Du coup, il rajeunit le regard en rehaussant les sourcils tombants et en retendant les paupières supérieures. Idéalement, les incisions sont pratiquées en forme de w multiples deux à trois millimètres derrière la ligne d'implantation des cheveux. Cette façon de procéder élimine le risque de conserver une cicatrice blanche continue. Associé à un lifting cervico-facial, le lift frontal présente un avantage indéniable, puisqu'il harmonise le haut et le bas du visage.

Afin d'obtenir ce résultat, le plasticien réduit le front et avance la ligne de repousse des cheveux. En effet, les sourcils s'affaissent avec l'âge, tandis que la ligne des cheveux recule. Pour rectifier un front large et dégagé, signe indubitable de vieillissement, il faut donc en réséquer la peau excédentaire, en éliminer les rides horizontales et remonter les sourcils. Ces trois corrections conjuguées suffisent à rajeunir le visage et à éclaircir le regard. Quant aux incisions faites en biais dans les cheveux, elles permettent à la chevelure de repousser à travers et à l'avant de la cicatrice frontale, de manière très naturelle.

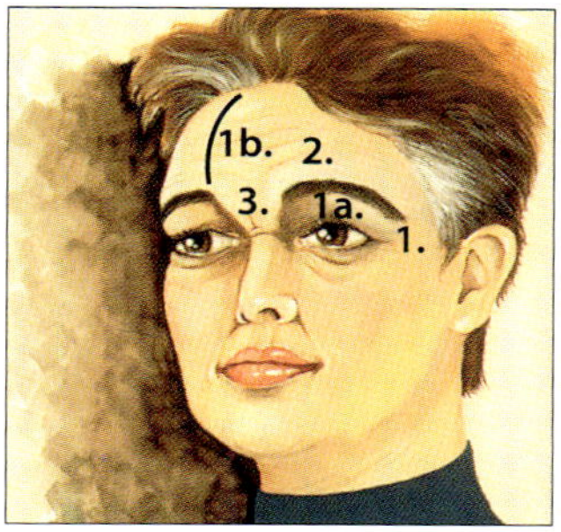

Lifting frontal

1. Ptôse des sourcils
1a. Excès de peau aux paupières supérieures
1b. Front large
2. Rides frontales
3. Plis du corrugateur

Cicatrice à la ligne des cheveux

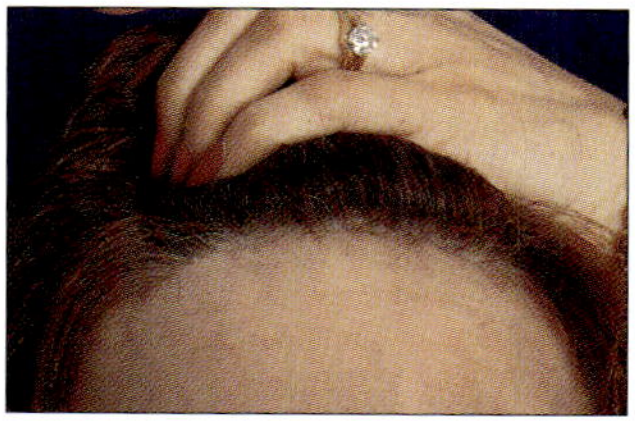

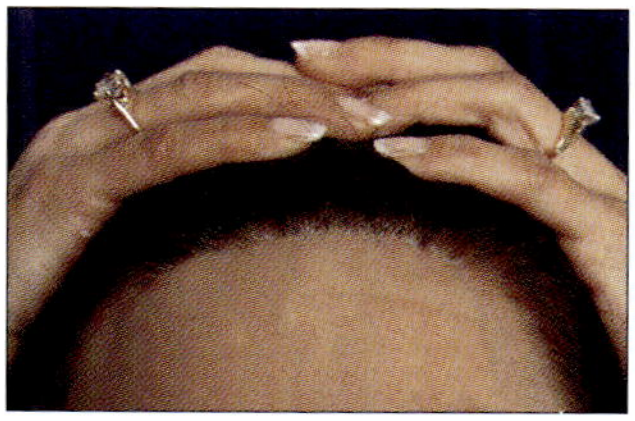

L'incision peut être faite de façon à laisser pousser les cheveux dans la cicatrice, ce qui la rend imperceptible, tel que démontré sur ces photos.

UN LIFTING SANS CICATRICE ?

Tout lifting nécessite une incision, à l'exception du lift du front par endoscopie. Au lieu d'inciser la peau, le plasticien glisse sous le cuir chevelu une tige souple (l'endoscope) qui lui permet de voir à distance les muscles à opérer. Un front lissé et des sourcils rectifiés sans trace de cicatrice deviennent dès lors possibles… en théorie. En effet, l'endoscope glissé en six endroits différents amène la formation de plusieurs minicicatrices au lieu d'une seule. En outre, il ne retire pas la peau excédentaire et ne corrige pas plus le front dénudé que les paupières tombantes. D'où un résultat nettement moins satisfaisant, selon l'avis de plusieurs.

On retiendra que, quel que soit le type de lifting, la peau est toujours coupée et suturée. L'intervention laisse donc une cicatrice dissimulée derrière les oreilles ou la chevelure, qui deviennent ici des alliées précieuses. Pour cette raison, les incisions pratiquées sur les sujets masculins doivent tenir compte d'une éventuelle calvitie. La durée de l'intervention dépend de sa nature. En règle générale, il faut compter plus de deux heures pour un lifting cervicofacial, mais seulement une heure pour un lift frontal. L'opération peut se faire sous anesthésie générale, mais le chirurgien préférera souvent une anesthésie mitigée, celle-ci facilitant le travail au niveau du visage puisque le patient n'est pas intubé.

Les suites d'un *face-lift* peuvent paraître spectaculaires. Le gonflement du visage — réaction normale des tissus —, parfois impressionnant, diminuera progressivement. Les ecchymoses, s'il y en a, vont elles aussi s'estomper en trois semaines. Il faut cependant compter une bonne quinzaine de jours avant d'être présentable et d'avoir retrouvé sa pleine forme.

La douleur postopératoire varie également d'une personne à l'autre : elle est pénible chez certains, presque inexistante chez d'autres. Il faut toutefois s'attendre à ressentir des tiraillements dans les muscles, une sensation de visage en bois, ou encore une sensibilité des oreilles, pendant deux ou trois semaines.

Quoiqu'un *face-lift* bien mené soit généralement sans histoire, certaines complications peuvent survenir. Les plus fréquentes prennent la forme d'hématomes (qui doivent parfois être ponctionnés) ou des cicatrices larges ou hypertrophiques qui se forment derrière l'oreille ou sur la nuque, là où la traction est maximale. Faute d'une irrigation sanguine adéquate, les cheveux peuvent aussi ne pas repousser comme ils le devraient au pourtour des cicatrices, ce qui occasionnera de légères zones d'alopécie.

Fait rarissime, un patient peut souffrir d'un traumatisme du nerf facial si une section se retrouve comprimée par la cicatrice ou par l'enflure locale. En bout de ligne, cette compression se traduira par une faiblesse musculaire passagère, car il est exceptionnel que cette dernière soit permanente. Les complications asso-

> « Tout s'est passé comme prévu. J'entendais le chirurgien parler avec ses assistantes, mais je ne sentais rien et j'étais calme. Que m'a apporté le lifting ? Pas une métamorphose, mais exactement ce surcroît de jeunesse que j'en attendais. »
>
> *Solange, opérée pour un lift frontal*

ciées à un *face-lift* peuvent être, dans bien des cas, corrigées. Un traitement approprié améliore ainsi l'aspect de cicatrices inesthétiques. Et si jamais il y a nécrose (avis aux fumeurs !), la zone touchée sera fréquemment située derrière l'oreille, ce qui facilite les retouches par un nouveau lifting.

LA FOIRE AUX QUESTIONS

À partir de quel âge puis-je recourir à un lifting facial ?

En chirurgie esthétique, l'âge apparent et le vieillissement comptent davantage que l'âge biologique. Cela dit, il est rare qu'on ait besoin d'un lifting avant 30 ou 40 ans. Mais plus tôt on subit cette intervention, meilleurs sont les résultats et plus ils perdurent.

Un lifting cervico-facial atténuera-t-il mes rides ?

Le lifting cervico-facial agit d'abord sur la ptôse (affaissement) de la peau. En retendant la peau, il atténue cependant certaines rides, dont le sillon naso-génien et les rides du cou. Il ne peut toutefois effacer les rides d'expression du visage (entre les sourcils, par exemple) ou les ridules autour des lèvres.

Que faire alors ?

Il suffit de compléter le lifting par une dermabrasion, un peeling ou un relissage au laser.

Puis-je avoir le visage trop tiré après avoir subi un lifting facial ?

Il est pratiquement impossible d'avoir l'air trop « remonté » après un premier *face-lift*. Certes, des interventions trop nombreuses ou trop rapprochées pourraient donner au visage un aspect de masque figé, car elles modifient légèrement la texture de la peau. Cela dit, on peut parfaitement compléter le lifting d'une zone par celui d'une autre région. Un deuxième lifting cervico-facial peut même être pratiqué, 10 ans après le premier. Il s'agit simplement d'une manœuvre plus délicate.

Un lifting frontal, une chirurgie des paupières et un lifting cervical peuvent-ils être pratiqués au cours d'une même intervention ?

Oui. Les zones opérées (soit le front, les paupières et le cou) étant complémentaires, ces trois chirurgies peuvent être faites simultanément. C'est d'ailleurs une pratique courante.

Pourrai-je coiffer mes cheveux vers l'arrière après un lifting ?

Cela sera possible trois mois après l'intervention, puisque l'incision est généralement faite le long de la ligne d'implantation des cheveux. En outre, si le plasticien prend la peine d'inciser la peau en biseau (technique de biseautage), les cheveux pousseront à travers et à l'avant de la cicatrice, permettant une repousse hautement esthétique.

Combien de temps « tient » un lifting ?
Tout dépend de l'état de la peau et de l'intervention. Chez une femme en début de quarantaine, les résultats perdurent de 10 à 15 ans. La rechute, progressive, se fait au bout de huit ans chez une femme dans la cinquantaine. Mieux vaut donc envisager un *face-lift* quand le visage présente encore un certain tonus. Il faudra éviter les variations de poids ainsi que les abus d'alcool et de tabac, mais ce sont surtout les facteurs génétiques qui influenceront la durée d'un lifting.

Existe-t-il des contre-indications à un lifting ?
Nonobstant les contre-indications d'ordre psychologique, les contre-indications physiques (allergie à l'anesthésie, prise d'un anticoagulant) sont exceptionnelles.

VOTRE FICHE PRATIQUE

Âge : à partir de 35 ou 40 ans.
Anesthésie : générale ou mitigée.
Durée de l'intervention : deux à quatre heures.
Séjour en clinique : chirurgie d'un jour.

AVANT

Deux semaines :

- pas de tabac, d'antigrippaux, d'anti-inflammatoires, d'aspirine et de dérivés, de vitamine E, d'ail, d'alcool et de vin rouge.

Quelques jours :

- traitement capillaire (coloration), cinq jours avant l'opération (au besoin) ;
- pas d'exposition au soleil.

La veille :

- shampooing au Spectro Tar, avec trois rinçages ou plus ;
- nettoyage du visage au Spectro-Jel ;
- jeûne, dès minuit la veille, si une anesthésie générale est prévue.

Le matin :

- petit déjeuner léger (tisane, rôties et fromage, par exemple), en cas d'anesthésie mitigée ;
- shampooing au Spectro Tar, avec trois rinçages ou plus ;
- nettoyage du visage au Spectro-Jel ;
- vêtement confortable n'exigeant pas d'être enfilé par la tête ;
- foulard de coton et verres fumés ;
- escorte pour le retour à la maison.

APRÈS

Premier pansement : enlevé au bout de 24 heures.
Retrait des fils : après 10 à 15 jours.
Guérison :

- remise sur pied immédiate ;
- reprise des activités après 10 à 30 jours, avec une légère baisse d'énergie (temporaire) ;
- guérison à 80 % en 6 semaines, totale en un an.

Suites normales :

- serrement au front, durant quelques jours ;
- bleus, durant deux semaines ;
- enflure, durant quelques semaines, et asymétrie temporaire due à cette enflure ;
- engourdissement du cuir chevelu, durant plusieurs mois ;
- cicatrices.

En cas de douleur : un ou deux comprimés de Tylenol extra-fort. PAS D'ASPIRINE PENDANT 15 JOURS.
Prévenir le chirurgien : en cas de gonflement anormal, de douleur insupportable ou de fièvre.
Complications possibles : infection ; déformation du lobule de l'oreille ; asymétrie ; engourdissement local de la peau ; faiblesse musculaire du visage ; allergie aux médicaments ou aux désinfectants.

À faire :

- repos sur le dos, à plat, pour permettre aux fluides de l'organisme de se résorber vers l'arrière de la tête (en cas de lifting frontal) ;
- repos sur le dos, sans tourner la tête, le buste surélevé à 45° par deux bons oreillers, le temps que l'enflure diminue, soit quelques semaines (en cas de lifting cervico-facial ou de lifting inférieur) ;
- applications de glace sur le site, en mettant toujours un tissu entre la peau et le sac de glace. Au bout de 48 à 72 heures, applications de chaleur sèche (coussin électrique), une application durant 20 minutes, toutes les heures ;
- aliments mous et légers, sans sel ni épices, pour réduire l'enflure.

À éviter :

- café et thé, le matin de l'opération ;
- crème grasse et maquillage, le matin de l'opération ;
- flexions avant de la tête (pour ramasser un objet au sol, plier les genoux et garder la tête droite) ;
- mouvements brusques ;
- tabac, aspirine et dérivés, vitamine E, ail, alcool et vin rouge, durant deux semaines ;
- fer à friser et séchoir avec chaleur (la perte temporaire de sensibilité accroît le risque de brûlure), durant trois semaines ;
- balayage, coloration et permanente, durant un mois ;
- efforts et exercices violents, durant un mois ;
- liquides chauds, sel et épices, durant trois mois.

Soins esthétiques :

- nettoyage de la peau en cabinet d'esthétique, avant et après la chirurgie ;
- shampooing au Spectro-Jel dans la douche, 24 heures après la chirurgie ;
- léger maquillage (yeux et visage) après cinq jours ;
- Fond de teint correcteur à crème verte après 10 à 15 jours (une fois les points de suture enlevés) ;
- drainage lymphatique léger en cabinet d'esthétique ;
- séchoir à cheveux réglé au plus bas degré de chaleur, durant trois semaines ;
- coiffure n'exerçant aucune traction au niveau des tempes et de la nuque, durant deux mois ;
- écran solaire contenant du dioxyde de titanium (*PreSun Sun Block FPS 21*) sur toutes les cicatrices, lors d'expositions au soleil ;
- hydratant quotidien, pour maintenir les bénéfices du *face-lift* à long terme.

Activités : marche, durant un mois.

Lifting inférieur

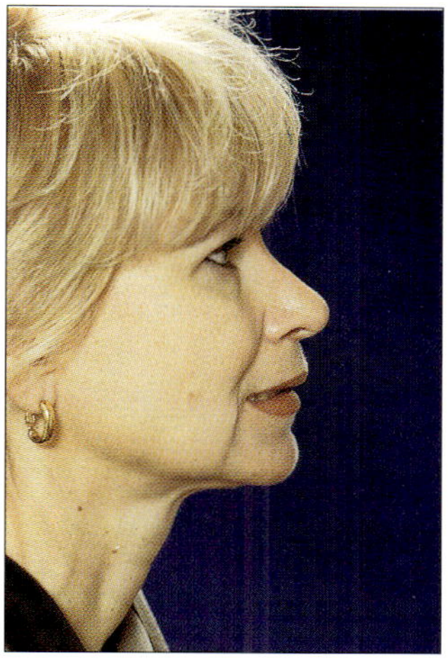

Pré-opératoire, 29 mars 1996

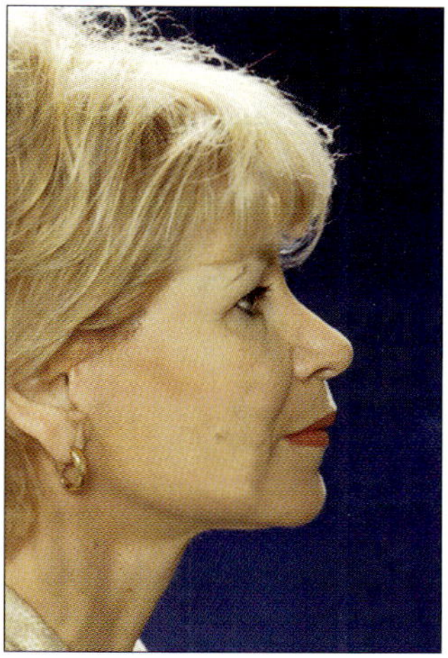

Postopératoire, 12 avril 1996

Pré-opératoire, 29 mars 1996

Postopératoire, 12 avril 1996

Lifting cervico-facial

Homme de 39 ans

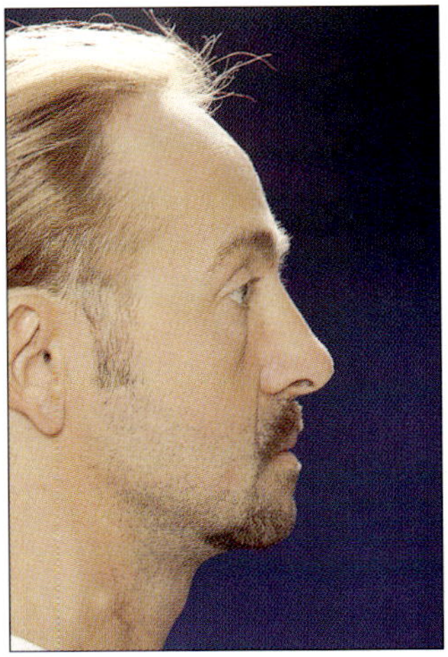

Pré-opératoire, 16 janvier 1996

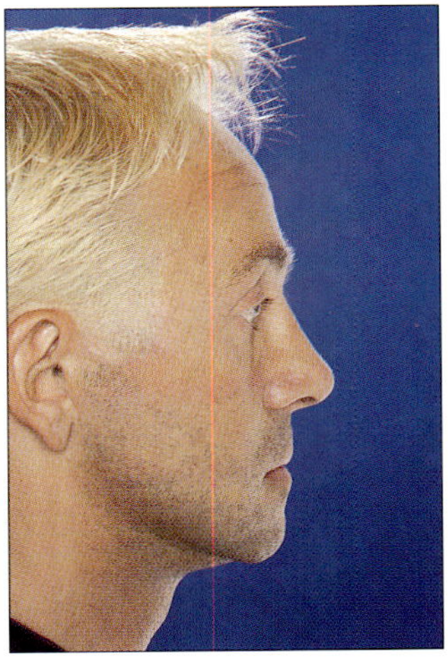

Postopératoire, 2 juin 1998

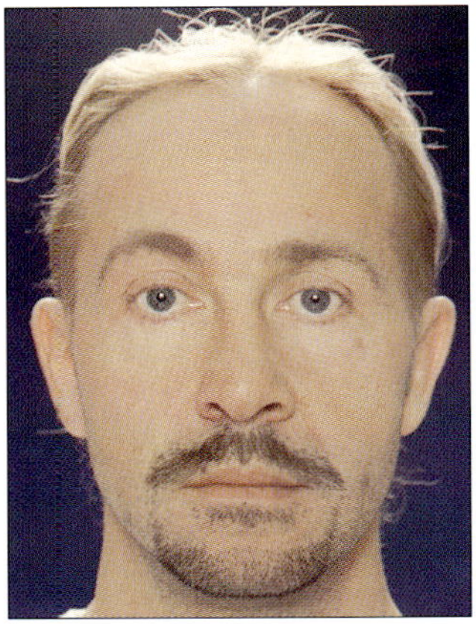

Pré-opératoire, 16 janvier 1996

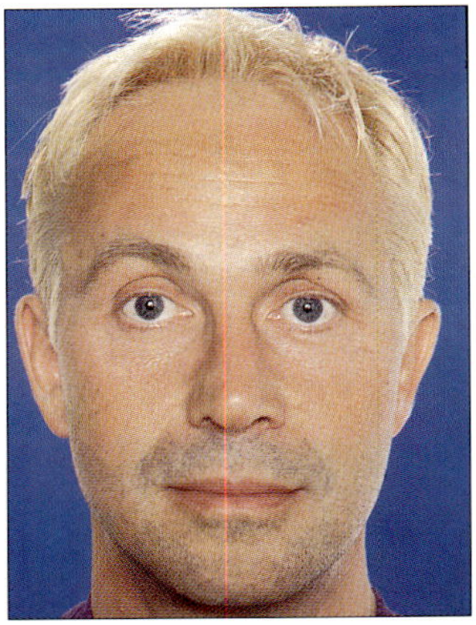

Postopératoire, 2 juin 1998

Lifting cervico-facial

Femme de 57 ans

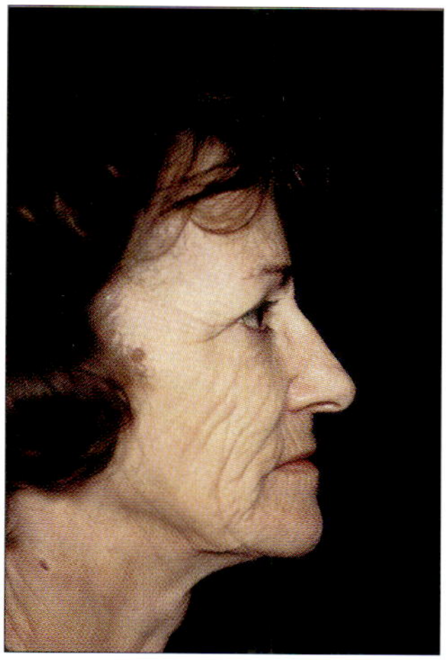

Pré-opératoire, 1er décembre 1997

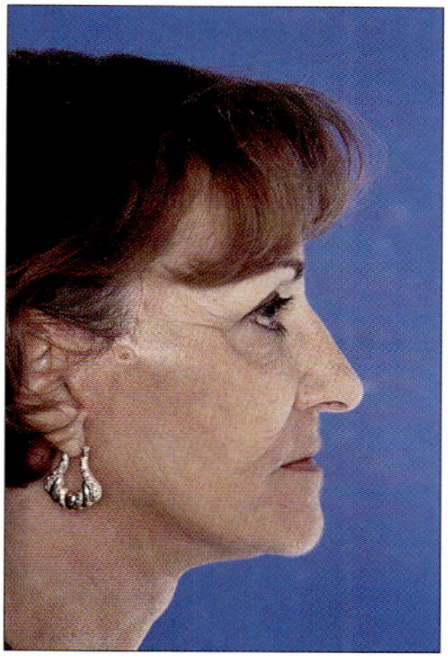

Postopératoire, 1 mois, 6 janvier 1998

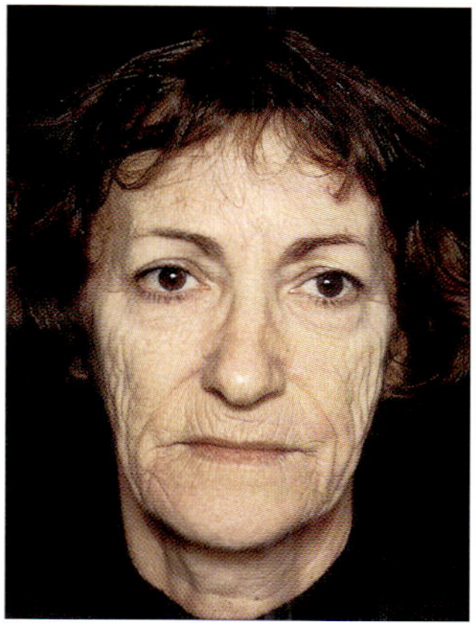

Pré-opératoire, 1er décembre 1997

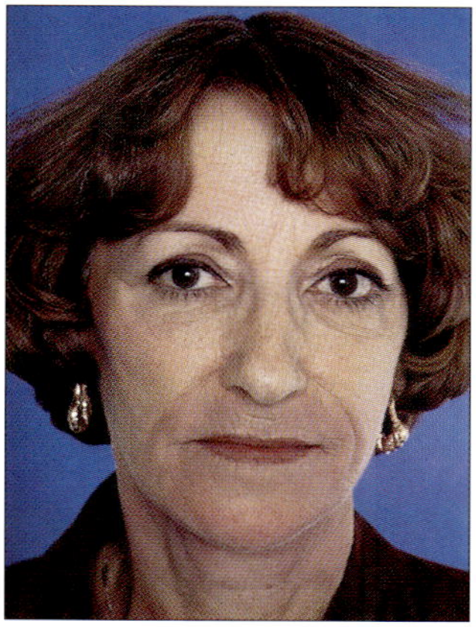

Postopératoire, 1 mois, 6 janvier 1998

Lifting cervico-facial et lifting frontal

Femme de 65 ans

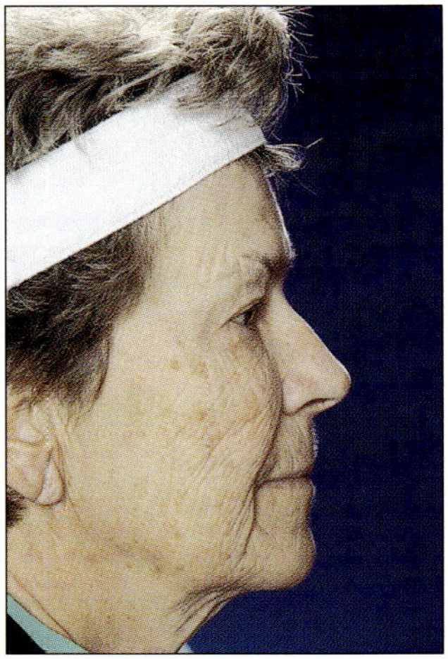

Pré-opératoire, 22 mai 1997

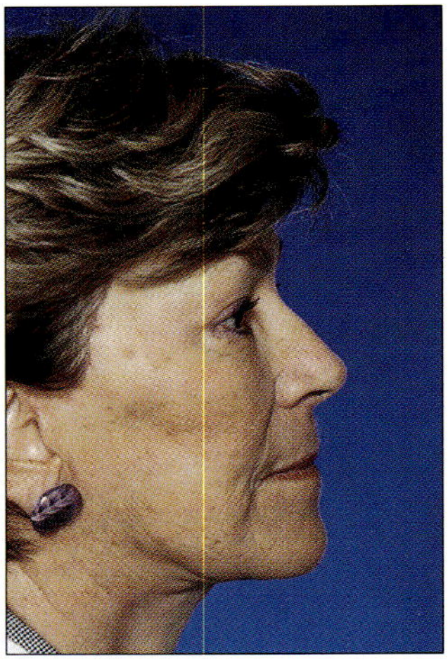

Postopératoire, 5 mois, 10 octobre 1997

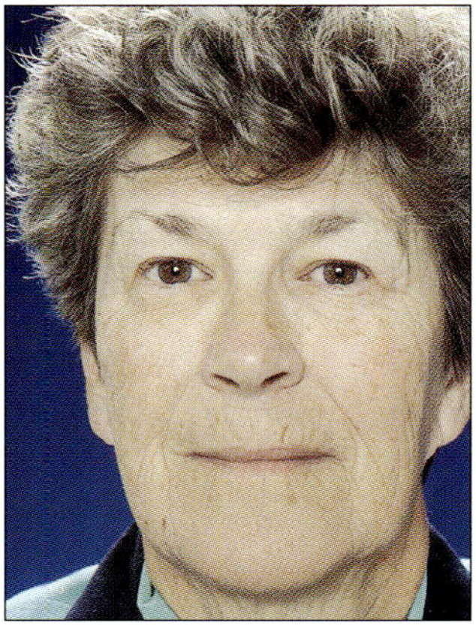

Pré-opératoire, 22 mai 1997

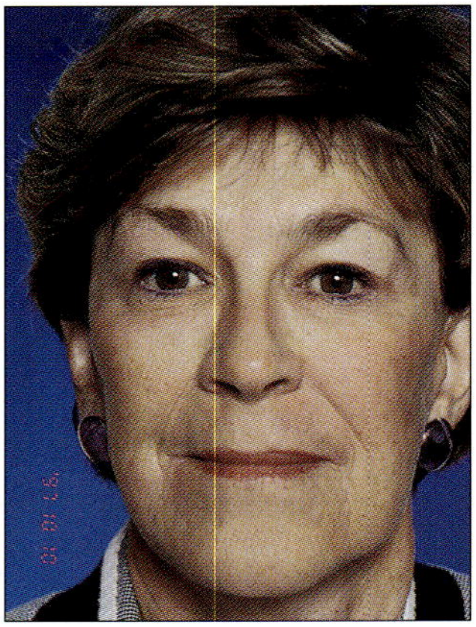

Postopératoire, 5 mois, 10 octobre 1997

Lifting cervico-facial et lifting frontal

Homme de 55 ans

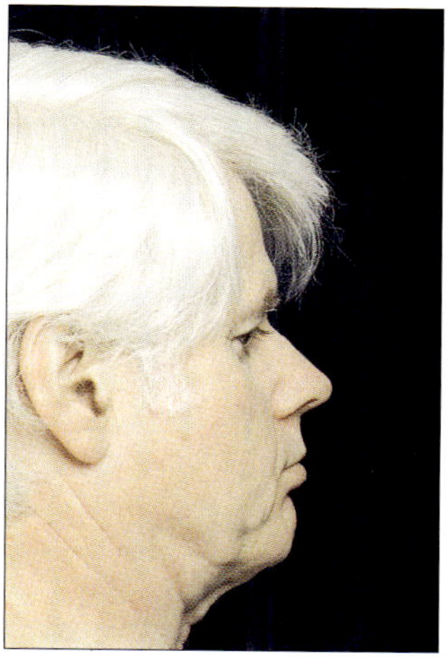

Pré-opératoire, 1er mai 1995

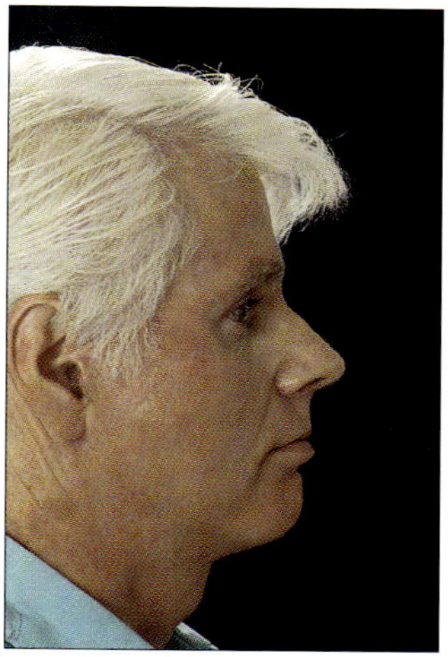

Postopératoire, 21 août 1995

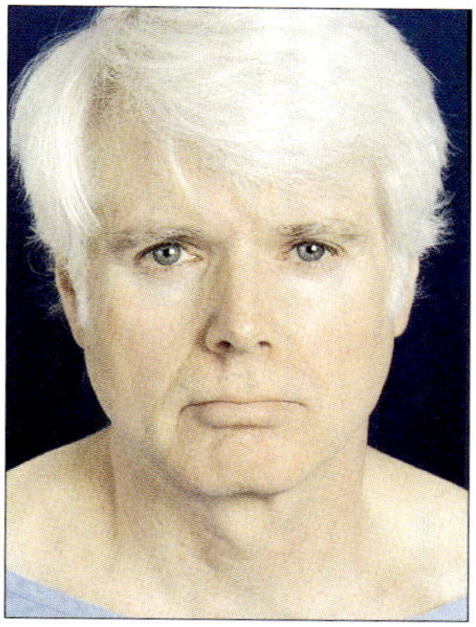

Pré-opératoire, 1er mai 1995

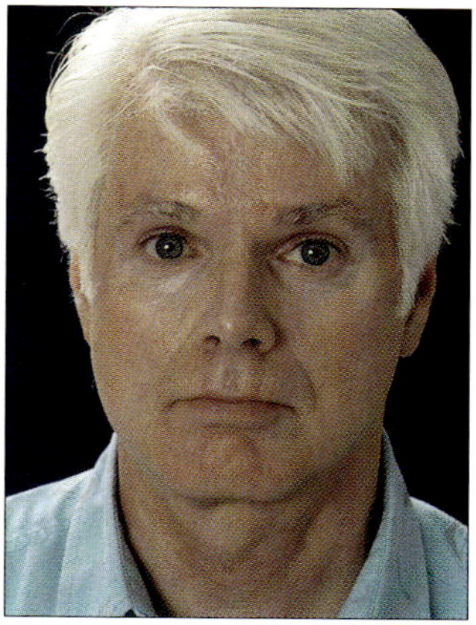

Postopératoire, 21 août 1995

Lifting cervico-facial et rhinoplastie

Femme de 51 ans

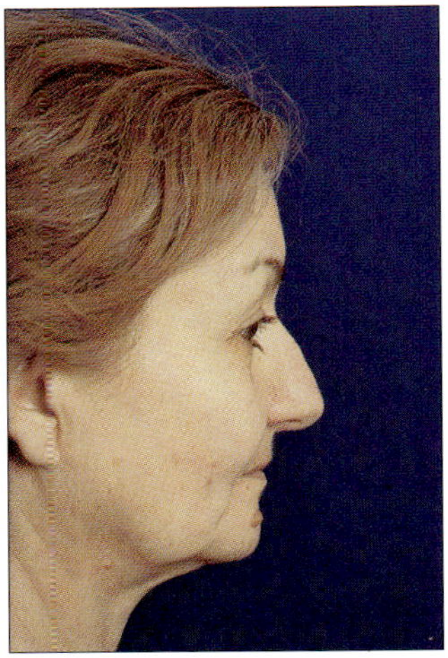

Pré-opératoire, 20 décembre 1993

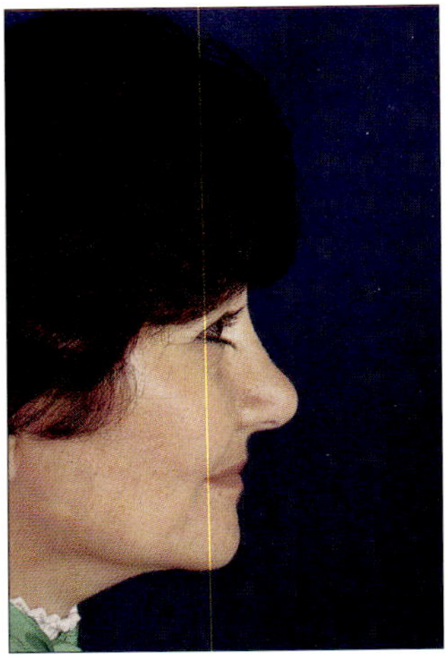

Postopératoire, 1er novembre 1994

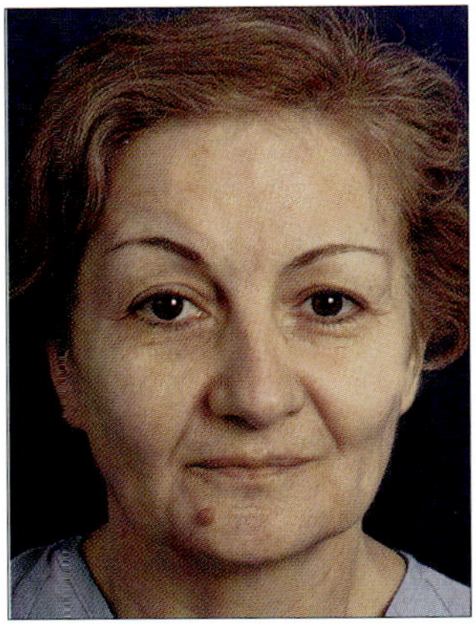

Pré-cpératoire, 20 décembre 1993

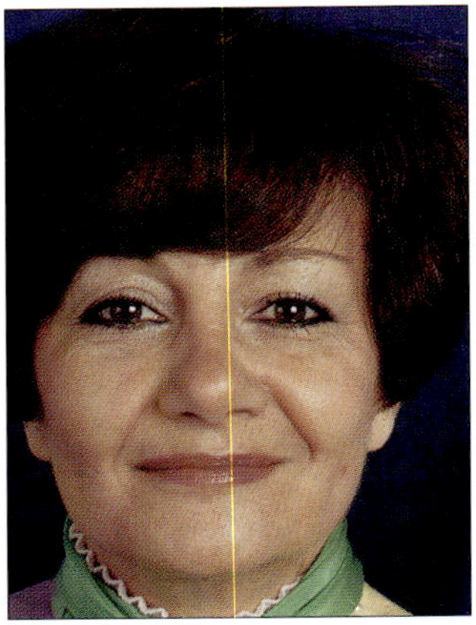

Postopératoire, 1er novembre 1994

Liposuccion cervicale, lifting cervico-facial et lifting frontal

Femme de 44 ans

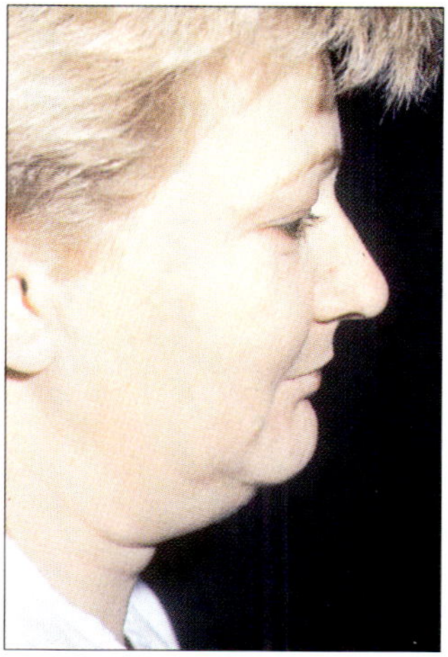

Pré-opératoire, 18 novembre 1991

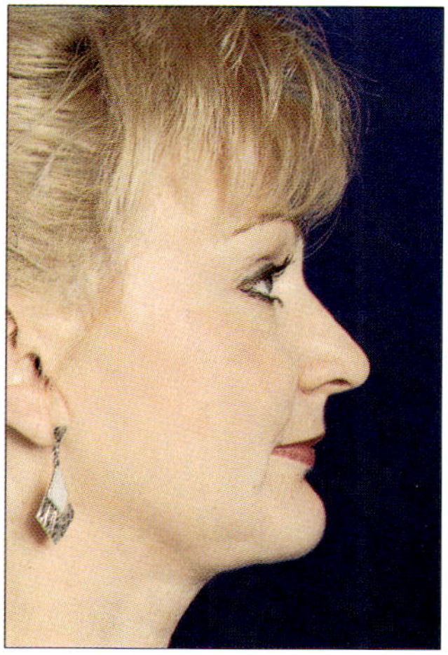

Postopératoire, 20 décembre 1994

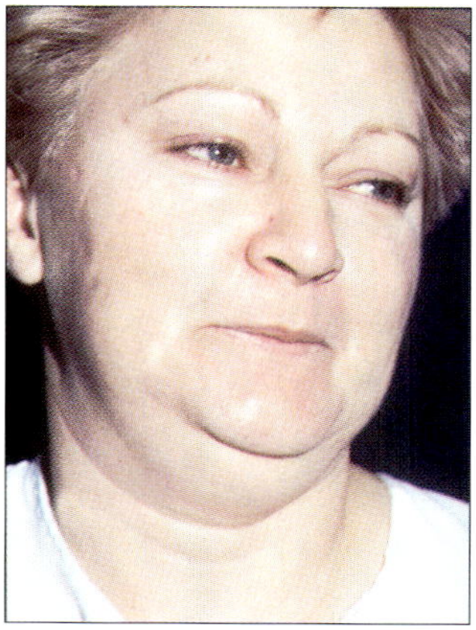

Pré-opératoire, 18 novembre 1991

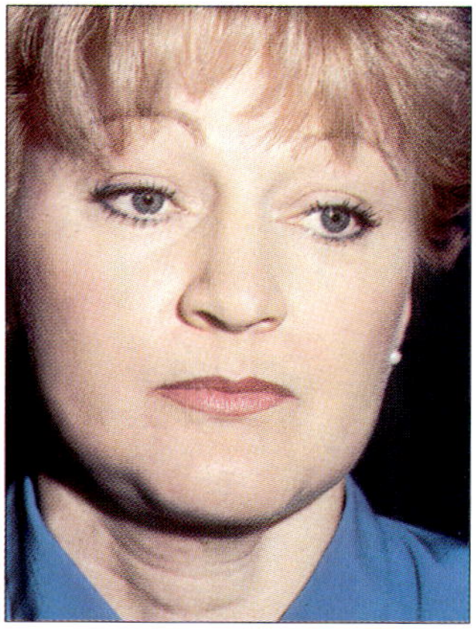

Postopératoire, 3 juin 1992

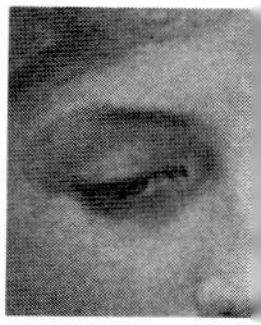

La chirurgie des paupières : savoir ouvrir l'œil

Tout le monde admire le regard des enfants, ce regard clair et vif que les adultes perdent avec le temps à cause du vieillissement. En effet, le visage est normalement divisé en trois parties égales : le front, la zone allant des yeux aux narines, et la partie inférieure du visage. Or, cette harmonie est progressivement minée, au fil des années qui passent.

Dans un premier temps, le recul de la ligne des cheveux a pour effet d'agrandir le front. La descente des sourcils, responsable des pattes d'oie et des rides à la base du nez, accentue ensuite les paupières tombantes — notamment chez les hommes aux sourcils fournis. Enfin, les paupières inférieures s'affaissent à leur tour. Leur coin externe, jadis surélevé de deux à trois millimètres par rapport à leur angle interne, descend doucement.

L'âge est également propice à la formation de poches sous les yeux. L'œil pivote dans une cavité osseuse (l'orbite) tapissée de gras. Au fil des ans, la poussée du globe oculaire étire la membrane interne, qui gardait jadis le gras bien tassé, à l'intérieur de l'orbite osseux. Le gras saillant forme alors des hernies graisseuses sous-cutanées, bien décrites par leur appellation populaire de poches sous les yeux.

Comme le gras des yeux est aussi hydrophile qu'une éponge, il gonfle et dégonfle suivant le cycle menstruel et les fluctuations de la rétention d'eau. Chez les hommes, les poches sous les yeux ont l'avantage d'être plus stables. Il reste que,

CERNER LE PROBLÈME

Les sourcils tombants : on peut les rehausser par un lift frontal.

Les paupières supérieures affaissées : on peut les rajeunir par un lift frontal ou une blépharoplastie.

Les paupières inférieures affaissées : on peut les remonter avec une blépharoplastie ou, de préférence, une canthoplastie.

Les poches sous les yeux : on peut les effacer par une cure de hernies graisseuses ou, de préférence, un renforcement du fascia capsulopalpébral.

Les pattes d'oie : on peut les effacer avec un lift temporal, un peeling chimique, la dermabrasion ou des implants (collagène, acide hyaluronique).

chez l'homme comme chez la femme, des hernies aux yeux accentuent les cernes puisque la lumière diurne, en étant réfractée par les capitons, dessine une ombre sur la peau.

La paupière est donc une structure souple, flottante et molle, inévitablement marquée par l'âge. Or, justement pour cette raison, elle constitue un terrain propice à une chirurgie esthétique. La finesse de sa peau (un à deux millimètres d'épaisseur) et son mode de vascularisation rendent la cicatrisation rapide et imperceptible. Les cicatrices, placées à l'abri des tractions dans les plis des paupières, sont de belle qualité. Enfin, l'ouverture naturelle de l'œil donne accès à des voies internes, ce qui permet, dans bien des cas, d'éviter les incisions.

Pour tous ces motifs, on peut envisager une chirurgie des paupières avec confiance, après s'être assuré que les yeux sont en santé. L'avis de l'ophtalmologiste est à considérer, pour trois raisons. D'abord, pour dépister une éventuelle fragilité vasculaire ou une maladie, tel un glaucome, pouvant constituer une contre-indication provisoire. Ensuite, pour s'assurer qu'aucune altération de l'œil ne puisse être imputée à la chirurgie esthétique. Enfin, pour vérifier le bon état des fonctions lacrymales. Ainsi, une éventuelle sécheresse oculaire risquerait de s'amplifier en l'absence de précautions. Le chirurgien, prévenu par l'ophtalmologiste, prendra alors bien soin de ne pas laisser la cornée exposée trop longtemps, et il arrosera l'œil avec des collyres pendant toute la durée de l'intervention.

On peut corriger les paupières sur mesure grâce à une panoplie de chirurgies. Chez certains, la paupière supérieure est affaissée au point de gêner l'ouverture de l'œil et de nuire à la vision. La **blépharoplastie** classique consiste à exciser le fin croissant de chair excéden-

« Cela m'a pris cinq interminables années avant de me résoudre à faire opérer les poches sous mes yeux. Et c'est long, cinq ans, quand tu te regardes dans le miroir, chaque matin, et que tu n'aimes pas ce que tu y vois, jour après jour. Au début, j'essayais de passer outre, de m'attarder à mes autres atouts. Après tout, je suis une jolie femme, j'ai de belles jambes et de grands yeux verts. Mais un temps est venu où tout cela est devenu secondaire pour moi. Je ne voyais plus que ces poches sous mes yeux, laides et inacceptables. Maintenant que j'ai réglé ce problème, je sais qu'il faut, non pas subir et prendre son mal en patience, mais poser les bonnes questions aux bonnes personnes. Puis, il faut mettre toutes les chances de son côté, avant comme après l'intervention. »

Sylvie, opérée pour des hernies graisseuses aux yeux

taire, un centimètre au-dessus des cils. Pour les paupières inférieures, le chirurgien incise la peau près du bord ciliaire, la décolle et la retend avant de retirer un fuseau cutané. Il faut alors enlever la juste quantité de peau : d'une ablation excessive résulterait un ectropion, c'est-à-dire une paupière inférieure trop courte, basculée vers l'extérieur et laissant voir le rouge de la muqueuse oculaire. S'il est petit, l'ectropion pourra toutefois être corrigé par de petits massages qui favoriseront une remise en place et une redistension de la peau.

En dépit du fait que la blépharoplastie soit une technique connue, ce n'est pas la meilleure façon, ni la seule, de rajeunir le regard. En remontant le sourcil d'un centimètre au-dessus du rebord orbiculaire — soit 2,5 cm au-dessus des cils —, un **lift frontal** rend cette intervention superflue. Un **lift temporal** peut aussi effacer les pattes d'oie, surtout si l'incision est faite en forme de w minuscules, à la jonction du cuir chevelu et de la peau glabre. En annulant toute tension, ce tracé donnera une cicatrisation finale imperceptible, très esthétique. De plus, l'incision en w permet de conserver intactes les zones des tempes et du front, sans les réduire. Avec cette technique, on diminue aussi le risque d'œdème, de douleurs et de complications.

On peut également effacer l'impression d'œil fatigué en pratiquant une **canthoplastie,** qui relève le canthus du coin externe de l'œil. En vieillissant, ce canthus s'étire, ce qui a pour effet d'abaisser le coin externe de l'œil et de donner une mine abattue au regard. La canthoplastie remonte l'angle externe de l'œil, repositionne la peau de la paupière inférieure et la réétale de façon harmonieuse — un résultat qu'il est impossible d'atteindre avec une blépharoplastie, qui enlève simplement la peau.

Enfin, on peut enlever les poches sous les yeux avec une **cure de hernies graisseuses.** L'intervention classique consiste à enlever le coussinet graisseux qui fait saillie. Bien qu'efficace à court terme, cette intervention entraîne parfois à plus long terme un vieillissement prématuré du regard. En

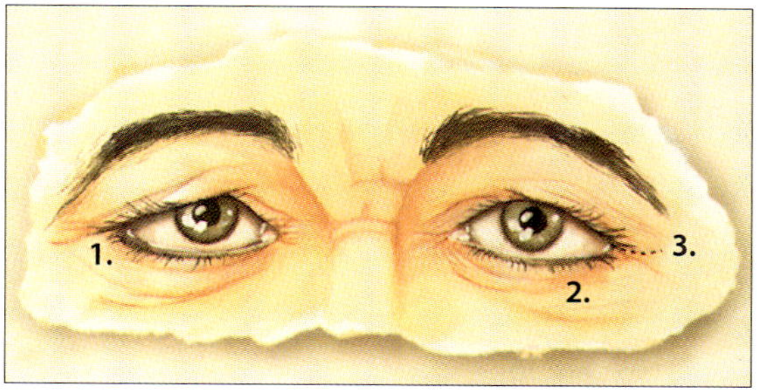

Canthoplastie

1. Canthus externe abaissé
2. Exposition scérale
3. Incision au coin de l'œil

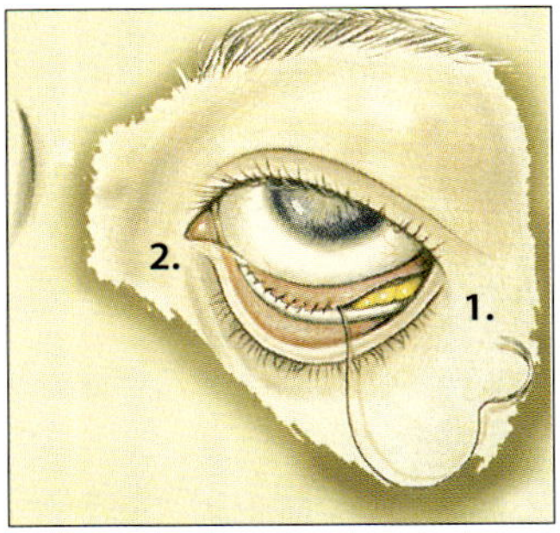

Cures de hernies graisseuses

1. Poches de gras
2. Incision à l'intérieur de l'œil

effet, le capiton graisseux, qui soutient l'œil et le projette vers l'avant, s'aplatit et s'atrophie au fil des ans. C'est pour cette raison que les aînés ont souvent des yeux creux, enfoncés dans les orbites. Enlever le coussinet graisseux de l'œil pourrait accélérer ou amplifier ce phénomène.

Pour effacer les poches sous les yeux tout en préservant la jeunesse du regard, il vaut mieux, non pas exciser le gras, mais le replacer dans l'orbite. Le chirurgien passe alors par la voie conjonctivale, ce qui évite toute incision à la paupière inférieure et tout risque d'«yeux de poisson», laissant paraître du blanc sous l'iris. Une fois le gras repoussé derrière sa fine membrane (ou fascia capsulopalpébral), celle-ci est taillée puis «accrochée», de manière à bien le retenir. On peut ainsi rajeunir le regard sans qu'il soit nécessaire d'enlever gras et peau.

En plus de la chirurgie comme telle, le peeling chimique (voir page 141) ou les implants (voir pages 119 et 125) peuvent également éliminer les pattes d'oie: comme on le voit, les solutions visant à rafraîchir la zone oculaire ne manquent pas. Certes, après une intervention aux paupières, la vue peut être temporairement brouillée sous l'effet des pommades antiseptiques. On notera aussi un peu d'enflure, parfois des picotements. Mais la plupart des angoisses sont injustifiées. Les complications consécutives à une chirurgie des yeux sont rares. Bien entendu, toute douleur subite ou rougeur de l'œil (conjonctivite) doit être prise au sérieux et rapidement traitée. On ne négligera pas non plus des paupières qui ne ferment pas correctement, entraînant une souffrance de la cornée. Cela dit, la chirurgie des paupières demeure légère. En outre, pratiquée sous anesthésie locale ou mitigée, elle présente l'avantage de guérir vite et bien.

Hématome: accumulation plus ou moins importante de sang dans une cavité du corps.

Ecchymose: tache produite par le sang retenu dans l'épaisseur de la peau, qui se colore successivement en bleu, en vert et en jaune.

Œdème: gonflement provoqué par la rétention d'eau sous la peau.

LA FOIRE AUX QUESTIONS

Une chirurgie aux yeux est-elle douloureuse ?
Non. Le patient ressent tout au plus une certaine tension.

Après combien de temps pourrai-je porter de nouveau mes lentilles cornéennes ?
Une semaine après l'intervention. Si vous avez du mal à les supporter les premières fois, un ophtalmologiste pourra vous recommander un collyre ou des massages des paupières, pour les assouplir.

Après combien de temps pourrai-je me maquiller ?
Il faut attendre le retrait des fils, au septième jour.

Le soleil est-il permis après une chirurgie aux paupières ?
L'exposition au soleil reste déconseillée pour éviter une pigmentation persistante à l'endroit des bleus. Mais avec des verres fumés, un chapeau à large bord et un écran total, il n'est pas interdit de prendre l'air.

Est-il préférable de subir une chirurgie des paupières en même temps qu'un *face-lift* ?
Cela dépend. Une chirurgie des paupières est parfois indiquée, avant qu'un *face-lift* ne soit nécessaire. En revanche, quand il y a motif à lifting, il y a presque toujours motif à chirurgie des paupières, d'autant qu'on imagine mal un visage rajeuni présentant des paupières flétries. Dans ce dernier cas, on peut procéder en une seule chirurgie.

VOTRE FICHE PRATIQUE

Âge : à partir de 35 ans, parfois avant en cas de poches sous les yeux.
Anesthésie : locale ou mitigée.
Durée de l'intervention : une heure.
Séjour en clinique : chirurgie d'un jour.

AVANT

Deux semaines :
- examen ophtalmologique ;
- pas de tabac, d'antigrippaux, d'anti-inflammatoires, d'aspirine et de dérivés, de vitamine E, d'ail, d'alcool et de vin rouge.

Quelques jours :
- pas d'exposition au soleil.

Le matin :
- petit déjeuner léger (tisane, rôties et fromage, par exemple), en cas d'anesthésie mitigée ;
- vêtement confortable n'exigeant pas d'être enfilé par la tête ;
- verres fumés ;
- escorte pour le retour à la maison.

APRÈS

Guérison :

- remise sur pied immédiate ;
- reprise des activités après une dizaine de jours ;
- guérison totale en deux mois.

Suites normales :

- inconfort ;
- ecchymoses et rougeurs, durant 10 jours ;
- enflure durant quelques semaines, et asymétrie temporaire due à cette enflure ;
- pas de cicatrices ou cicatrices imperceptibles.

En cas de douleur : un ou deux comprimés de Tylenol extra-fort. PAS D'ASPIRINE PENDANT 15 JOURS.

Prévenir le chirurgien : en cas de rougeur à l'œil ou de douleur subite.

Complications possibles : infection ; asymétrie ; cécité (une complication quasi inexistante) ; allergie aux médicaments ou aux désinfectants.

À faire :

- repos sur le dos, sans tourner la tête, le buste surélevé à 45°, le temps que l'enflure diminue (quelques jours) ;
- applications de glace sur le site, en mettant toujours un tissu entre la peau et le sac de glace. Au bout de 48 heures, applications de chaleur sèche (coussin électrique) durant 20 minutes, toutes les heures ;
- compressions ;
- application quotidienne de larmes artificielles (*Tear Gel*) durant trois semaines, pour prévenir la sécheresse oculaire.

À éviter :

- café et thé, le matin de l'intervention ;
- crème grasse et maquillage, le matin de l'opération ;
- flexions avant de la tête (pour ramasser un objet au sol, plier les genoux et garder la tête droite) ;
- frictions des yeux ;
- tabac, aspirine et dérivés, vitamine E, ail, alcool et vin rouge, durant deux semaines ;
- efforts et exercices violents, durant un mois ;
- sel et épices, durant trois mois.

Soins esthétiques :

- shampooing dans la douche, 24 heures après la chirurgie ;
- massages bi-quotidiens requis, avec de la crème hydratante, sept jours après la chirurgie ;
- léger maquillage (yeux et visage) après sept jours ;
- maquillage corrigeant le sourcil temporairement surélevé pour cause d'enflure (consulter une esthéticienne au besoin) ;
- écran solaire contenant du dioxyde de titanium (*PreSun Sun Block FPS 21*) sur toutes les cicatrices, durant six mois.

Activités : marche et exercices légers, durant un mois.

Cure de hernies graisseuses

Femme de 34 ans

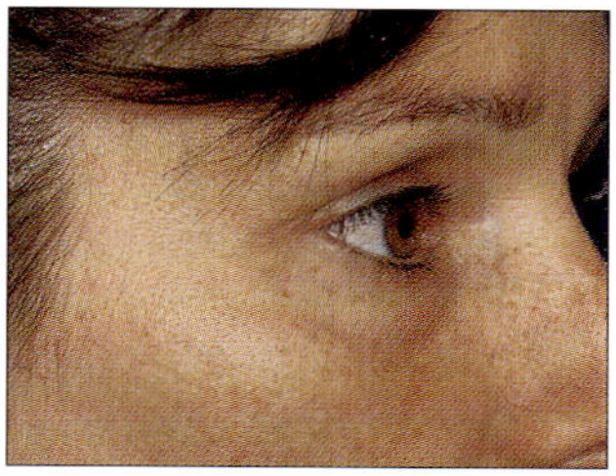

Pré-opératoire, 25 août 1997

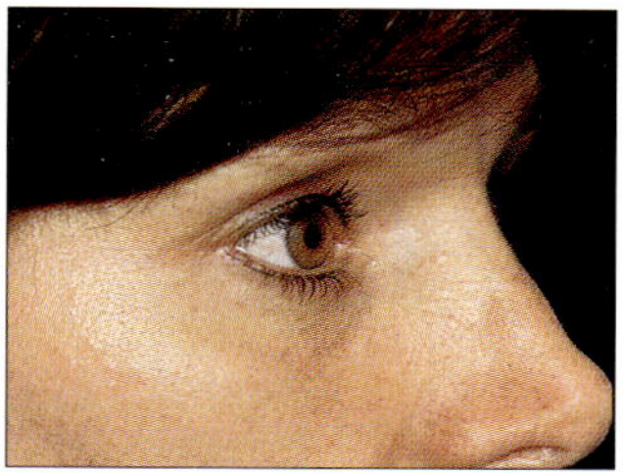

Postopératoire, 1 mois, 23 septembre 1997

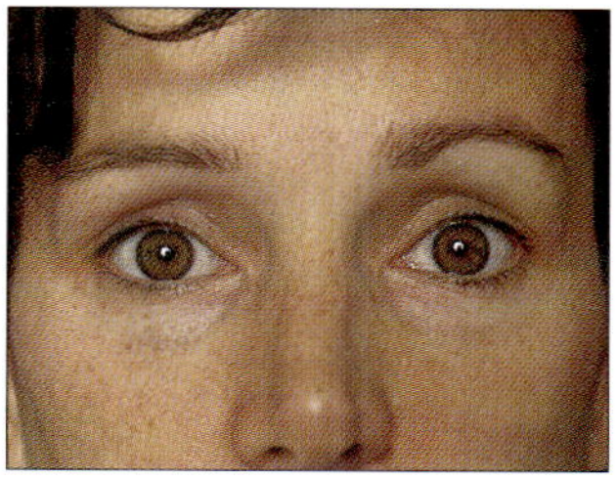

Pré-opératoire, 25 août 1997

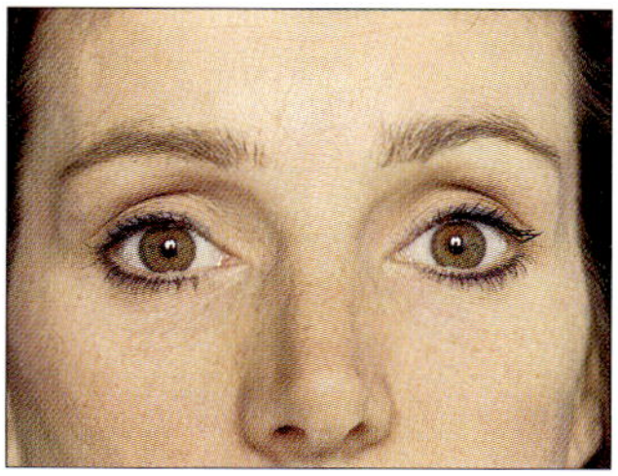

Postopératoire, 7 mois, 1er avril 1998

Cure de hernies graisseuses

Femme de 45 ans

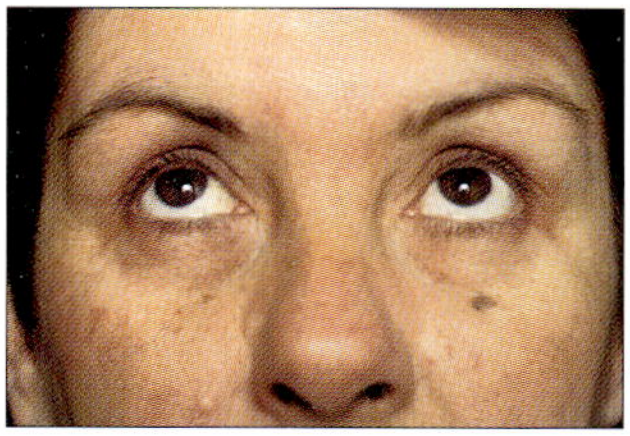

Pré-opératoire, 24 novembre 1997

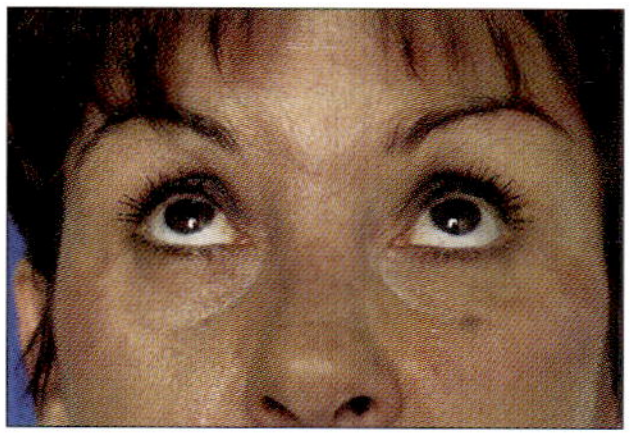

Postopératoire, 6 mois, 28 avril 1998

Cure de hernies graisseuses

Femme de 40 ans

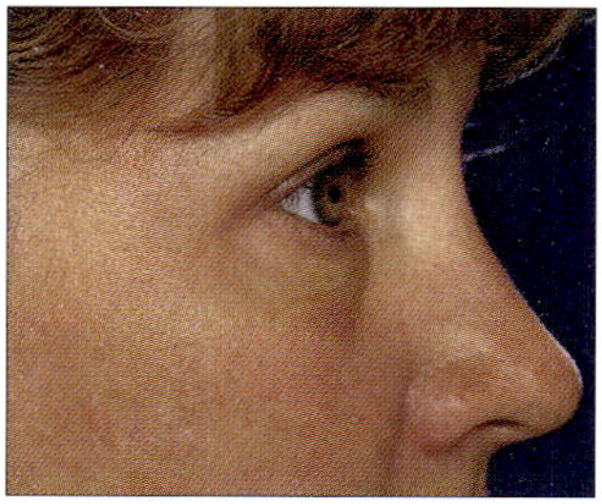

Pré-opératoire, 14 juillet 1997

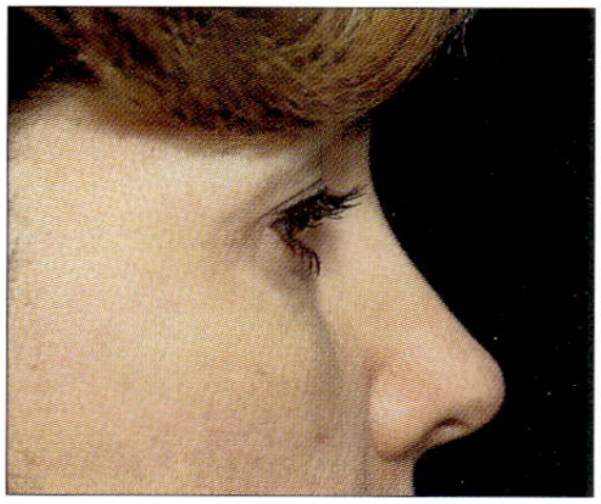

Postopératoire, 4 mois, 28 novembre 1997

Canthoplastie et lifting frontal

Femme de 48 ans

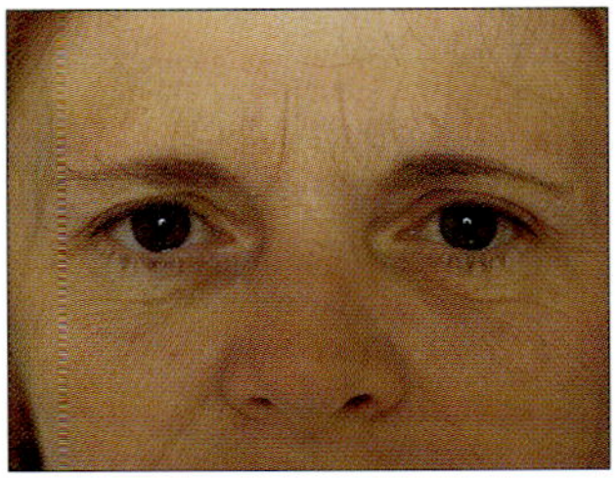

Pré-opératoire, 12 juillet 1996

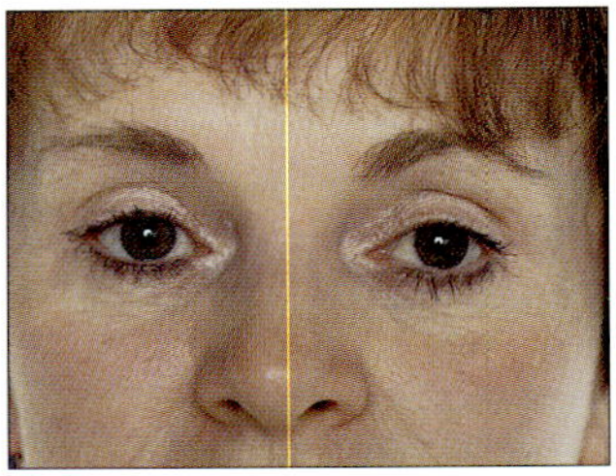

Postopératoire, 1 1/2 an, 3 juin 1998

Canthoplastie et lifting frontal

Femme de 52 ans

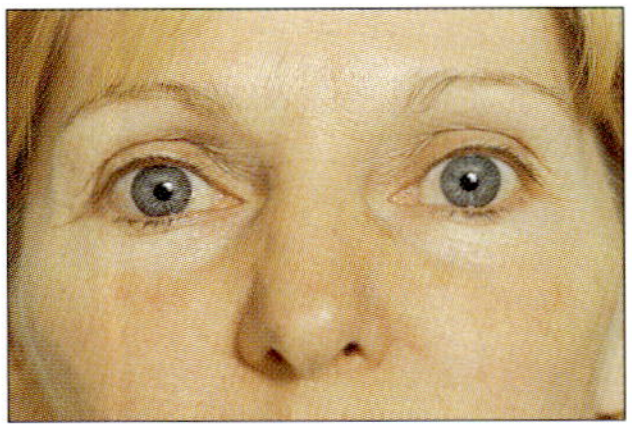

Pré-opératoire, 4 juillet 1996

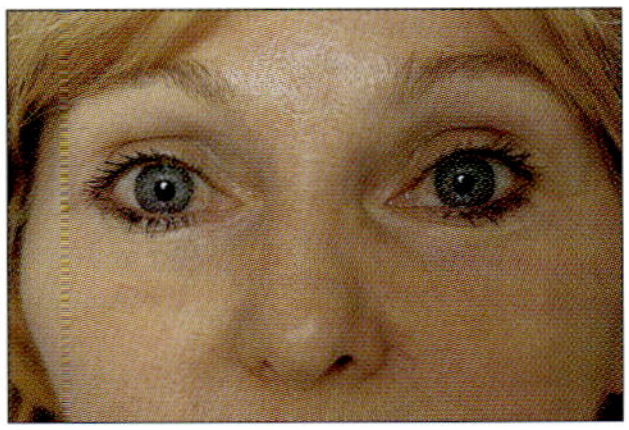

Postopératoire, 4 mois, 22 octobre 1996

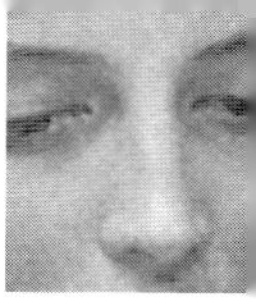

La chirurgie du nez : un parfum de subtilité

Dans les magazines du début du siècle, le *Nice Nose Shaper* tenait une place de choix. Cet appareil à cinq vis, qu'on enfilait sur le nez pendant la nuit, était censé en modifier la courbe. Aussi inutile que loufoque, ce bidule prouve que le rêve d'un beau nez ne date pas d'aujourd'hui. En fait, s'il est une chirurgie qui, sans jeu de mots, constitue une renaissance pour l'opéré, c'est bien la **rhinoplastie esthétique.** Rien d'étonnant quand on sait la place stratégique qu'occupe le nez, au milieu du visage.

Dans la plupart des cas, la rhinoplastie consiste à limer la bosse sur l'arête du nez, puis à réduire la largeur de celui-ci, en fracturant l'os par un mouvement rotatif (c'est ce qu'on appelle la technique de fracture en bois vert).

Bien qu'une rhinoplastie modifie surtout la structure interne du nez, la peau joue un rôle important. Par exemple, une peau épaisse et huileuse se moule plus difficilement aux cartilages. En conséquence, elle mettra plusieurs mois à épouser la nouvelle forme des éléments sous-jacents, et la pointe nasale sera plus massive.

Qu'elle s'attaque à un nez busqué, bulbeux ou aquilin, la rhinoplastie demeure une intervention délicate. Comme le chirurgien travaille à l'intérieur du nez, sa marge de manœuvre est étroite. Deux millimètres de plus ou de moins, et les résultats différeront sensiblement. Le nez doit donc avoir été examiné sous toutes ses facettes, de l'extérieur, de l'intérieur et au plus profond de ses fosses nasales. Il aura été photographié sous tous les angles possibles : de face, de profil, d'en dessous, etc. Ces précautions indispensables permettront au plasticien de chiffrer et de projeter les modifications envisagées.

L'AILE ET L'ARÊTE

L'arête : elle sera limée de l'intérieur, sans laisser de cicatrice visible.

La pointe : ses cartilages seront sculptés plus finement.

Les ailes du nez : elles peuvent être diminuées en enlevant un peu de peau sur le rebord inférieur des narines. Cette intervention laissera deux imperceptibles cicatrices à la partie inférieure des narines.

Si l'on s'obstinait jadis à faire de petits nez en trompette, les corrections sont aujourd'hui beaucoup plus subtiles. Avec raison. Un nez harmonieux doit être avant tout adapté au visage. Il doit donc être rectifié en tenant compte non seulement de son gabarit d'origine et de sa physiologie, mais aussi de la hauteur du front et des joues, de l'importance de la bouche et des lèvres, de l'occlusion des dents et de la puissance du menton.

On peut subir une rhinoplastie à tout âge, mais la fin de l'adolescence reste la période idéale, puisque la croissance est terminée et que les tissus présentent une bonne élasticité. Les suites de l'intervention sont loin d'être lourdes. Des techniques sophistiquées permettent même d'éviter le plâtre, les attelles métalliques et les mèches intra-nasales (ce qu'on appelle le paquetage du nez). Pour réduire l'enflure et les ecchymoses, il suffit de redraper la peau à l'aide de diachylons de papier, pendant sept jours. Du coup, on évite la plupart des suites opératoires : obstruction, douleur, mauvaise odeur, infection et saignement lors de l'extraction de la mèche. D'autres risques inhérents au paquetage du nez (sinusite, rhinite, otite, etc.) sont également réduits au minimum. Bien entendu, avant que le nez opéré ne s'assouplisse et ne prenne sa forme définitive (l'affaire d'un an ferme), il y aura eu saignements et enflure légère. Rien d'affolant, en autant qu'on épargne chocs et traumatismes au « nouveau nez ». Le soleil et le froid extrême sont aussi à proscrire, puisqu'ils nuisent à la vascularisation de la peau du nez et, partant, à sa guérison.

Certes, les nez ratés existent, par exemple si des structures osseuses ont été endommagées de façon brutale ou si la base, mal fracturée, a pris la forme d'une pyramide tronquée. Par ailleurs, les cicatrices internes se rétractent parfois en formant des bosses ou des courbes. En fait, il faut attendre un an pour voir comment évolue une rhinoplastie. À ce terme, on peut effectuer des retouches en employant, au besoin, des matériaux biologiques ou synthétiques (cartilages, dérivés de téflon ou de nylon, etc.).

> « Si tout était à refaire, j'adopterais le même comportement. Je suis conscient qu'un beau nez ne suffit pas au bonheur, mais nous vivons dans une société compétitive. Et comme je voulais mettre toutes les chances de mon côté, j'ai simplement pris les moyens qui s'imposaient. »
>
> *Benoît, opéré pour une rhinoplastie*

LA FOIRE AUX QUESTIONS

J'ai entendu dire qu'une rhinoplastie pouvait éliminer les maux de tête. Est-ce vrai ?
Oui. Dans certains cas, elle améliore la physiologie du nez en repositionnant une cloison déviée. Une intervention fonctionnelle plutôt que purement esthétique peut d'ailleurs régler plusieurs problèmes : obstruction nasale, sinusite, allergie chronique, maux de tête récurrents, écoulements nasaux postérieurs, etc.

Je connais des gens dont la rhinoplastie a été remboursée par la Régie de l'assurance-maladie du Québec (RAMQ). Comment est-ce possible ?
Si le nez a été cassé, dévié ou enfoncé à la suite d'un accident, il est dit post-traumatique. Le coût d'une rhinoplastie *reconstructive* est alors payé par la RAMQ. Quand une anomalie, telle une déviation de la cloison nasale, entraîne une gêne respiratoire, la RAMQ assure aussi le coût de la rhinoplastie *fonctionnelle*. Si vous désirez des corrections d'ordre à la fois fonctionnel *et* esthétique, vous devrez toutefois payer les coûts de la portion esthétique de l'intervention.

Le port de lunettes pose-t-il des problèmes après une rhinoplastie ?
Il est préférable de porter des verres de contact ou des lunettes légères munies d'un petit protecteur qui empêchera la monture d'écraser le nez fraîchement refait.

La rhinoplastie peut-elle altérer l'odorat ?
Ce type de complication demeure exceptionnel.

L'intervention laisse-t-elle des cicatrices ?
Non. Les incisions sont faites à l'intérieur du nez et il est rare qu'il soit nécessaire d'enlever de la peau sur le rebord inférieur des narines. Cela peut toutefois s'avérer nécessaire s'il faut affiner les ailes du nez.

J'ai 50 ans. Est-il trop tard pour subir une rhinoplastie ?
Non, d'autant qu'un nouveau nez peut rajeunir un visage.

Existe-t-il des contre-indications à cette chirurgie ?
Pas vraiment, mais une intervention sur un nez à petits cartilages et à peau très épaisse risque d'être peu spectaculaire.

Rhinoplastie
Femme de 22 ans

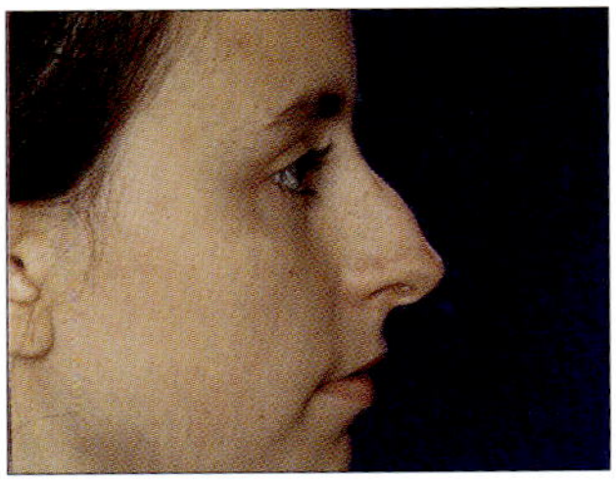
Pré-opératoire, 15 août 1997

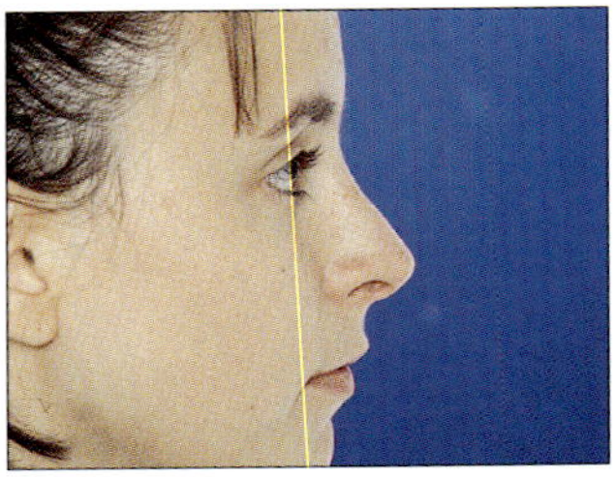
Postopératoire, 10 mois, 2 juin 1998

Rhinoplastie
Femme de 16 ans

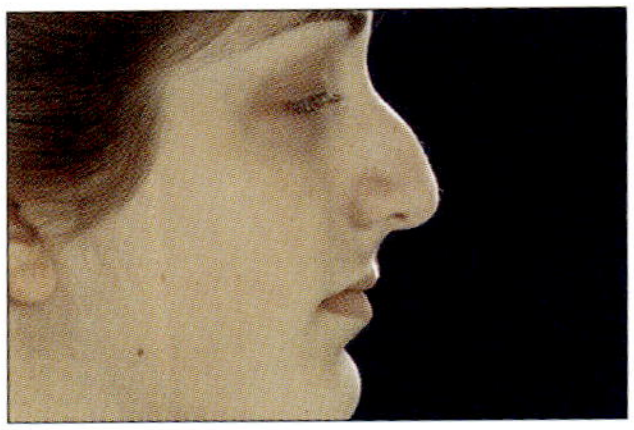
Pré-opératoire, 14 août 1995

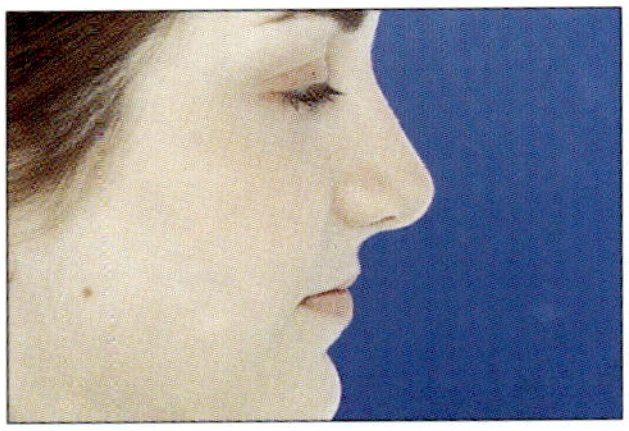
Postopératoire, 3 ans, 2 juin 1998

Rhinoplastie
Homme de 18 ans

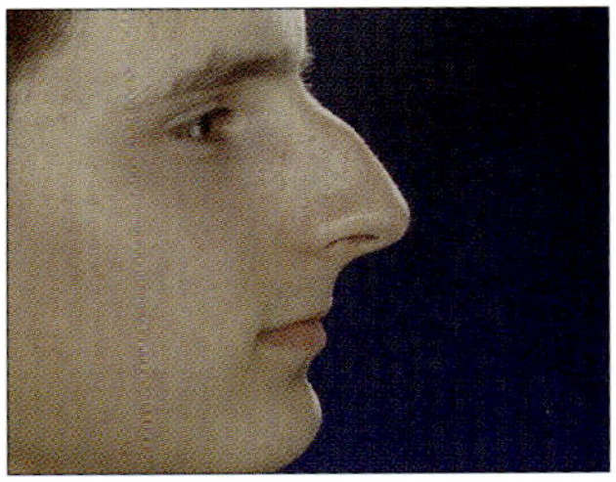
Pré-opératoire, 2 juillet 1996

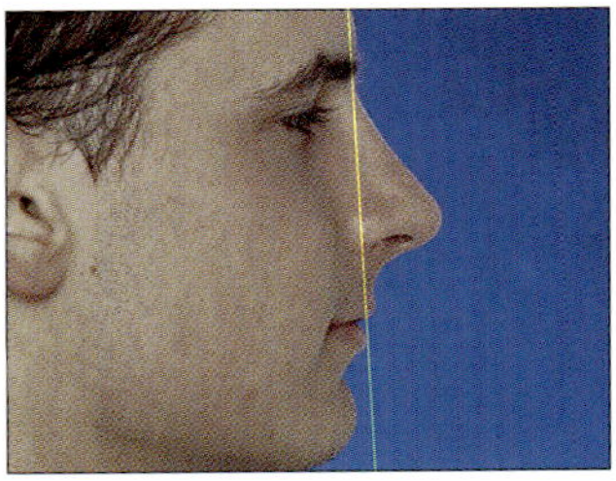
Postopératoire, 2 ans, 3 juin 1998

Rhinoplastie
Homme de 20 ans

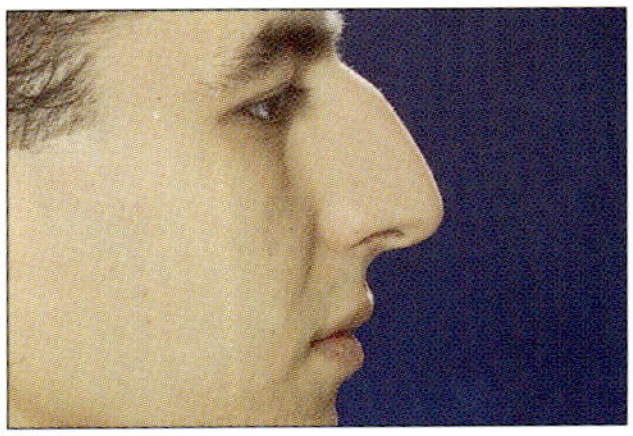
Pré-opératoire, 26 septembre 1996

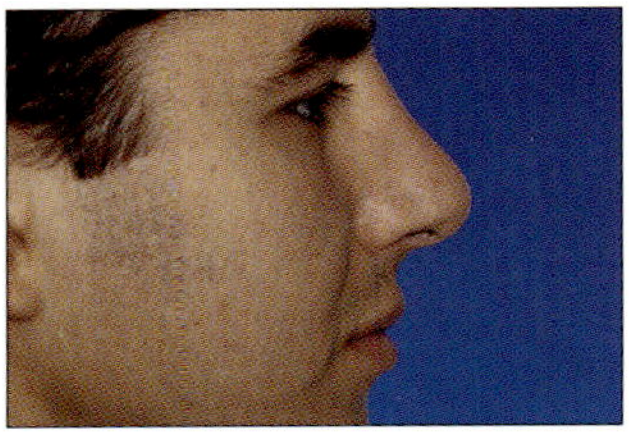
Postopératoire, 1 an, 7 octobre 1997

Rhinoplastie

Femme de 33 ans

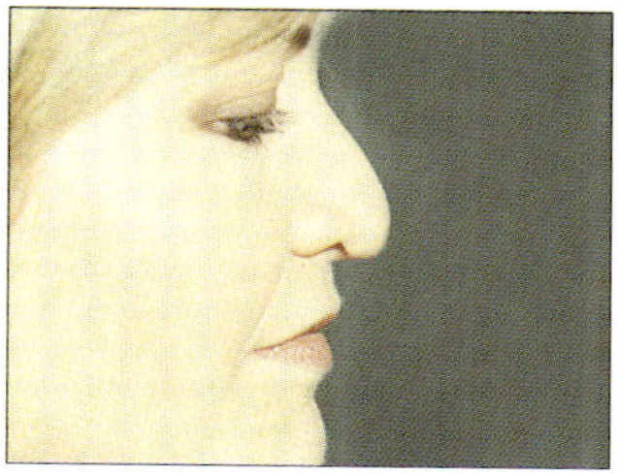

Patiente ayant subi deux interventions par un premier chirurgien puis huit retouches par le docteur Camirand pour refaire son nez.

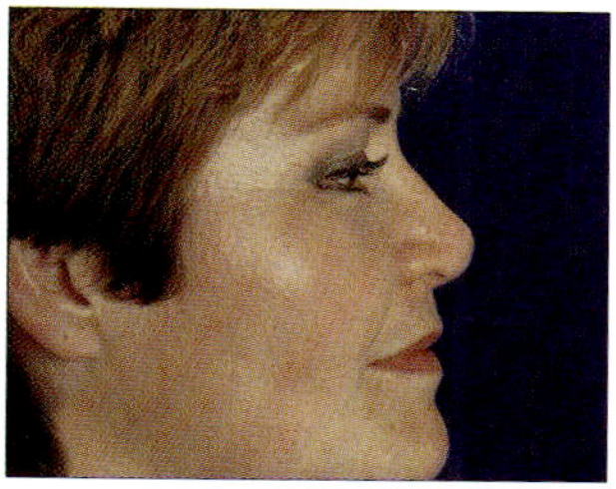

Postopératoire, 18 mai 1993

Rhinoplastie

Femme de 24 ans

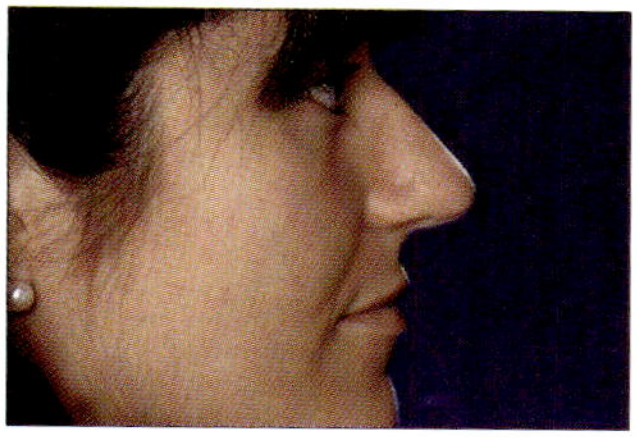

Pré-opératoire, 27 juin 1997

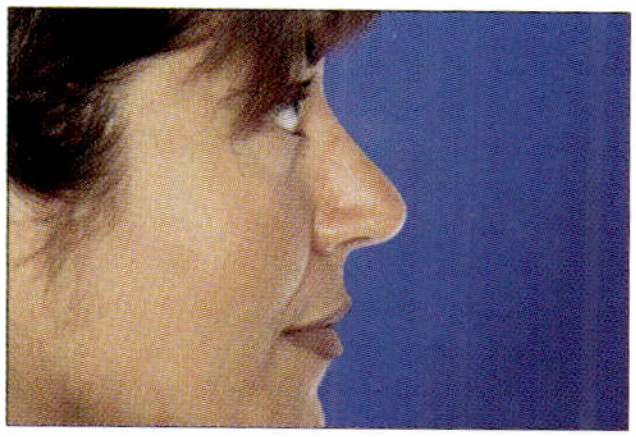

Postopératoire, 1 an, 1er juin 1998

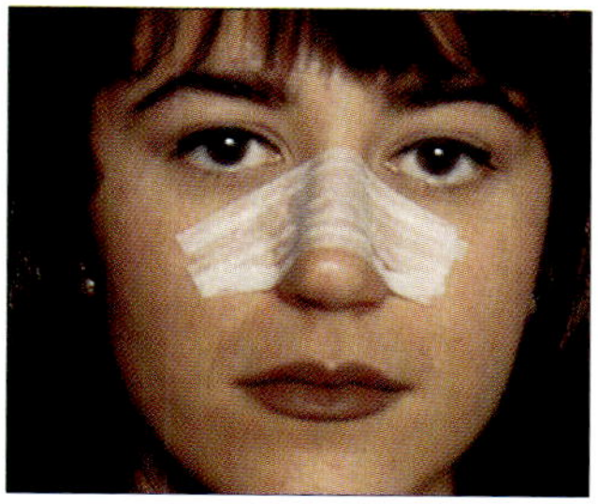

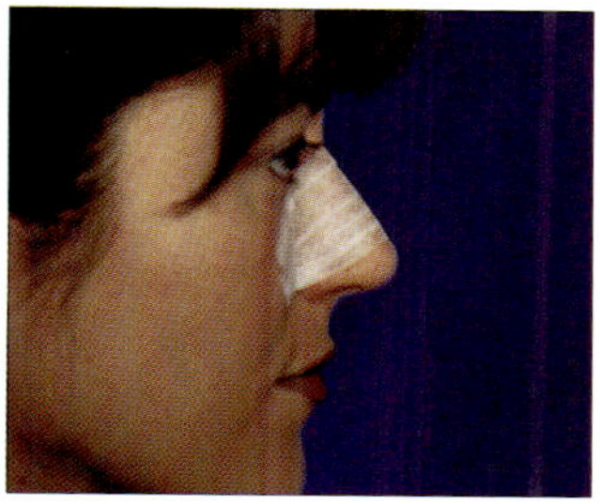

Postopératoire, après quelques jours. Plâtre et mèche n'ont pas été utilisés, seuls quelques diachylons de papier ont aidé à réduire l'œdème. À noter : l'absence d'yeux au beurre noir.

VOTRE FICHE PRATIQUE

Âge : à partir de 16 ou 17 ans.
Anesthésie : générale, mitigée ou locale.
Durée de l'intervention : une ou deux heures.
Séjour en clinique : chirurgie d'un jour.

AVANT

Deux semaines :

- pas de tabac, d'antigrippaux, d'anti-inflammatoires, d'aspirine et de dérivés, de vitamine E, d'ail, d'alcool et de vin rouge.

Quelques jours :

- pas d'exposition au soleil.

La veille :

- douche au Spectro-Jel ;
- jeûne complet (même pas un verre d'eau) dès minuit la veille, si une anesthésie générale est prévue.

Le matin :

- douche au Spectro-Jel ;
- petit déjeuner léger (tisane, rôties et fromage, par exemple), en cas d'anesthésie mitigée ;
- vêtement confortable n'exigeant pas d'être enfilé par la tête ;
- escorte pour le retour à la maison.

APRÈS

Pansement : enlevé après cinq à sept jours.

Guérison :

- remise sur pied immédiate ;
- reprise des activités après une ou deux semaines ;
- guérison à 80 % en 3 à 6 mois, totale en un an.

Suites normales :

- faible écoulement sanguin, durant 24 à 48 heures (éponger délicatement avec des compresses) ;
- inconfort et tiraillement ;
- ecchymoses, durant une ou deux semaines ;
- enflure, durant quelques semaines, et asymétrie temporaire possible due à cette enflure.

Complications possibles : saignement ; écoulement nasal persistant ; asymétrie ; problème cutané (acné exacerbée, pigmentation, rougeur, etc.) ; engourdissement ; allergie aux médicaments, aux désinfectants ou aux diachylons.

À faire :

- repos la tête plus élevée que le buste, avec deux bons oreillers placés sous la nuque, le temps que l'enflure diminue (quelques semaines) ;
- applications de glace au niveau des yeux, en mettant toujours un tissu entre la peau et le sac de glace ;
- nettoyage délicat des narines avec un coton-tige et de l'eau oxygénée (peroxyde) ;

- application d'onguent antibiotique dans les narines soir et matin, pour prévenir la formation de croûtes intra-nasales;
- essuyage doux des narines, durant les 10 premiers jours (ne pas se moucher).

En cas de douleur: un ou deux comprimés de Tylenol extra-fort. PAS D'ASPIRINE PENDANT 15 JOURS.

En cas de saignement: se reposer et rester détendu; demeurer en position assise; appliquer de la glace au niveau du nez et du cou.

En cas de saignement persistant (plus d'une heure): prévenir le médecin ou se présenter à l'urgence d'un hôpital.

En cas de choc: appliquer de la glace pour prévenir l'enflure; prévenir immédiatement le médecin.

À éviter:

- café et thé, le matin de l'opération;
- crème grasse et maquillage, le matin de l'opération;
- flexions avant de la tête, durant une semaine (pour ramasser un objet au sol, plier les genoux et garder la tête droite);
- se moucher dans les 10 jours suivant la chirurgie (éponger doucement les narines);
- éternuement (interrompre ce réflexe en se mordant la langue ou éternuer bouche ouverte tout en obstruant les narines avec les doigts);
- mouvements brusques;
- tabac, aspirine et dérivés, vitamine E, ail, alcool et vin rouge, durant deux semaines;
- sports nautiques, durant un mois;
- chocs, efforts et exercices violents, durant un mois;
- lunettes lourdes, durant six semaines;
- liquides chauds, sel et épices, durant trois mois.

Soins esthétiques:

- nettoyage de la peau, massage léger et crème sur le nez, après une semaine;
- écran solaire contenant du dioxyde de titanium (*PreSun Sun Block FPS 21*), durant un mois.

Activités: marche, durant un mois.

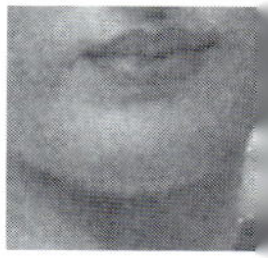

La chirurgie du menton : la symétrie retrouvée

Quand on a le menton en forme de baie, il est légitime d'en vouloir changer. Évidemment, si l'absence de saillie est due à un déficit osseux de la mâchoire ou à une malocclusion dentaire, le problème relève de l'orthodontie ou de la chirurgie maxillo-faciale. La **mentoplastie** peut néanmoins corriger un menton trop développé (macrogénie) ou quasi inexistant (microgénie).

Comme le menton forme un tandem avec le nez, dans l'axe du profil facial, il peut arriver qu'une correction au nez implique une retouche au menton. Les deux organes doivent, en effet, toujours s'harmoniser. La seule condition que pose une mentoplastie est une dentition en bon état. Des radiographies permettront aussi de bien délimiter les contours de l'ossature faciale.

L'ère des mentonnières, supposées aplatir les doubles mentons, est révolue depuis longtemps. On procède désormais à une **réduction du menton** par liposuccion (voir page 109) ou par chirurgie. Dans ce dernier cas, une incision, pratiquée dans la bouche ou sous le menton, permet d'atteindre ce dernier et d'y peler de menus copeaux osseux. Pour une **augmentation du menton,** le chirurgien façonne une pochette qu'il remplit d'une petite prothèse de silicone solide en forme de quartier d'orange. Il peut aussi sectionner un fragment osseux du maxillaire et le faire glisser vers l'avant.

Un pansement compressif devra être maintenu sur l'incision refermée pendant une semaine. La distension de la peau qu'accompagne toute augmentation du menton peut rendre l'après-chirurgie douloureux. C'est à peu près le seul inconvénient d'une intervention qui laisse par ailleurs peu ou pas de cicatrice. Au bout de quelques mois, le nouveau menton aura pris sa place et sa forme finale. Bien enfoui sous les muscles et la peau, l'implant mentonnier, fait de silicone solide, est parfaitement sécuritaire.

VOTRE FICHE PRATIQUE

Âge : dès l'adolescence.

Anesthésie : générale, mitigée ou locale.

Durée de l'intervention : 30 minutes à une heure.

Séjour en clinique : chirurgie d'un jour.

AVANT

Deux semaines :

- pas de tabac, d'antigrippaux, d'anti-inflammatoires, d'aspirine et de dérivés, de vitamine E, d'ail, d'alcool et de vin rouge.

Quelques jours :

- pas d'exposition au soleil ;
- dentition saine et détartrée.

La veille :

- douche au Spectro-Jel ;
- jeûne complet dès minuit la veille, si une anesthésie générale est prévue.

Le matin :

- petit déjeuner léger (tisane, rôties et fromage, par exemple), en cas d'anesthésie locale ou mitigée ;
- douche au Spectro-Jel ;
- vêtement confortable n'exigeant pas d'être enfilé par la tête ;
- escorte pour le retour à la maison.

APRÈS

Pansement : enlevé après sept jours.

Fils : se résorbent d'eux-mêmes au huitième jour.

Guérison :

- remise sur pied immédiate ;
- résultat final après trois ou quatre mois.

Suites normales :

- douleur possible dans le cas d'une augmentation ;
- bleus et enflure, durant deux semaines.

En cas de douleur : un ou deux comprimés de Tylenol extra-fort. PAS D'ASPIRINE PENDANT 15 JOURS.

Prévenir le chirurgien : en cas d'infection.

Complications possibles : infection ; asymétrie exigeant une retouche ; déplacement de la prothèse ; allergie aux médicaments ou aux désinfectants.

À faire :

- repos sur le dos, sans tourner la tête, le buste surélevé par deux bons oreillers, le temps que l'enflure diminue (quelques semaines) ;
- applications de glace sur le site, en mettant toujours un tissu entre la peau et le sac de glace. Au bout de 48 heures, applications de chaleur sèche (coussin électrique) durant 20 minutes, toutes les heures ;
- diète semi-liquide et molle ;
- bains de bouche et brossage doux des dents après chaque repas.

À éviter :

- café et thé, le matin de l'opération ;
- crème grasse et maquillage, le matin de l'opération ;
- tabac, aspirine et dérivés, vitamine E, ail, alcool et vin rouge, durant deux semaines ;
- efforts et exercices violents, durant deux mois.

Soins esthétiques :

- rasage, après une semaine seulement.

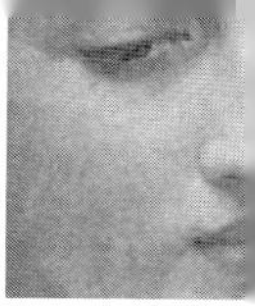

La chirurgie des pommettes : un atout pour le visage

En permettant d'augmenter la proéminence des joues, la **chirurgie de l'éminence malaire** (c'est-à-dire des pommettes) ressemble beaucoup à celle du menton, à laquelle elle peut être associée. Au même titre que cette dernière, elle accompagne souvent un *face-lift* dont elle redouble l'effet, en donnant de la projection au visage. Utilisant l'incision pratiquée pour le *face-lift*, une loge est dégagée, dans laquelle le chirurgien glisse une prothèse de silicone solide modelée selon le faciès du patient.

Après l'intervention, l'enflure diminue progressivement, tandis que la ligne d'incision s'atténue peu à peu. Le patient peut appliquer des compresses pour soulager l'œdème et les ecchymoses aux yeux et aux joues. En théorie, quelques complications (saignement, infection, déplacement de la prothèse) peuvent survenir et la zone opérée peut demeurer engourdie quelque temps. Mais au bout de trois à six mois, les nouvelles pommettes devraient être bien accrochées au visage… et au sourire !

VOTRE FICHE PRATIQUE

Âge : dès l'adolescence.
Anesthésie : générale, mitigée ou locale.
Durée de l'intervention : une à deux heures.
Séjour en clinique : chirurgie d'un jour.

AVANT

Deux semaines :
- pas de tabac, d'antigrippaux, d'anti-inflammatoires, d'aspirine et de dérivés, de vitamine E, d'ail, d'alcool et de vin rouge.

Quelques jours :
- pas d'exposition au soleil.

La veille :
- douche au Spectro-Jel ;
- jeûne complet dès minuit la veille, si une anesthésie générale est prévue.

Le matin :
- petit déjeuner léger (tisane, rôties et fromage, par exemple), en cas d'anesthésie locale ou mitigée ;
- douche au Spectro-Jel ;
- vêtement confortable n'exigeant pas d'être enfilé par la tête ;
- escorte pour le retour à la maison.

APRÈS

Pansement : enlevé après sept jours.

Fils : se résorbent d'eux-mêmes au huitième jour.

Guérison :

- remise sur pied immédiate ;
- convalescence en 10 à 20 jours ;
- résultat final après trois à six mois.

Suites normales :

- douleur ;
- bleus et enflure, durant deux semaines.

En cas de douleur : un ou deux comprimés de Tylenol extra-fort. PAS D'ASPIRINE PENDANT 15 JOURS.

Prévenir le chirurgien : en cas de saignement, de fièvre ou de déplacement de la prothèse.

Complications possibles : saignement ; infection ; déplacement de la prothèse ; allergie aux médicaments ou aux désinfectants.

À faire :

- repos sur le dos, sans tourner la tête, le buste surélevé sur deux bons oreillers, le temps que l'enflure diminue (quelques semaines) ;
- applications de glace sur le site, en mettant toujours un tissu entre la peau et le sac de glace. Au bout de 48 heures, applications de chaleur sèche (coussin électrique) durant 20 minutes, toutes les heures ;
- diète molle ;
- brossage des dents en douceur.

À éviter :

- café et thé, le matin de l'opération ;
- crème grasse et maquillage, le matin de l'opération ;
- flexions avant de la tête (pour ramasser un objet au sol, plier les genoux et garder la tête droite) ;
- tabac, aspirine et dérivés, vitamine E, ail, alcool et vin rouge, durant deux semaines ;
- chocs, efforts et exercices violents, durant deux mois ;
- liquides chauds, sel et épices, durant un mois.

Soins esthétiques :

- maquillage, seulement quand les points de suture sont disparus.

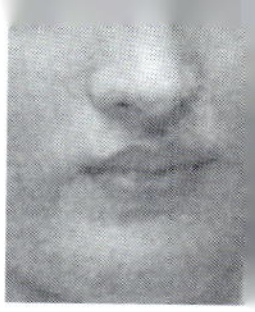

La chirurgie de la bouche : pour des lèvres crève-cœur

Moins connue, la chirurgie des lèvres intéresse souvent des populations précises. Certains Noirs trouvent leur bouche trop lippue. À l'inverse, plusieurs se plaignent, en vieillissant, d'avoir les lèvres pincées tandis que d'autres, plus jeunes, rêvent d'une moue pulpeuse.

Pour amincir le profil des lèvres, le chirurgien pratique une ouverture à l'intérieur de la bouche, par laquelle il excise l'excédent de muscles et de muqueuses labiaux. S'il faut étoffer les lèvres, des implants de collagène, de Goretex ou de SoftForm peuvent ourler le pourtour de la bouche (voir page 125). Une intervention précise (la technique des lambeaux d'avancement des muqueuses) permet aussi de projeter les tissus labiaux de l'intérieur vers l'extérieur et de donner du volume aux bouches trop minces.

Après l'intervention, les lèvres restent enflées durant deux ou trois jours. À l'intérieur de la bouche, la plaie apparaît comme une ulcération et les points de suture peuvent gêner l'élocution. Mais tout devrait être guéri dans trois mois, à moins qu'une asymétrie ne nécessite une retouche.

VOTRE FICHE PRATIQUE

Âge : dès l'adolescence.
Anesthésie : mitigée ou locale.
Durée de l'intervention : une heure.
Séjour en clinique : chirurgie d'un jour.

AVANT

Deux semaines :

- pas de tabac, d'antigrippaux, d'anti-inflammatoires, d'aspirine et de dérivés, de vitamine E, d'ail, d'alcool et de vin rouge.

Quelques jours :

- pas d'expositions au soleil.

Le matin :

- petit déjeuner léger (tisane, rôties et fromage, par exemple).

APRÈS

Retrait des fils : au huitième jour.
Guérison :

- remise sur pied immédiate.

Suites normales :

- enflure, durant trois jours ;
- élocution gênée, durant une semaine ;
- résultat final après deux ou trois mois ;

- légère rigidité des lèvres ressentie lors des baisers, en cas de pose d'implant de Goretex.

En cas de douleur : un ou deux comprimés de Tylenol extra-fort. PAS D'ASPIRINE PENDANT 15 JOURS.

Prévenir le chirugien : en cas de fièvre.

Complications possibles : hématome ; asymétrie nécessitant une retouche ; cicatrisation épaisse modifiant l'apparence de la bouche ; allergie aux médicaments ou aux désinfectants.

À faire :

- alimentation molle et légère ;
- brossage doux des dents ;
- bonne hygiène buccale ;
- baume labial avec écran solaire.

À éviter :

- café et thé, le matin de l'opération ;
- maquillage, le matin de l'opération ;
- rouge à lèvres, durant une semaine ;
- tabac, aspirine et dérivés, vitamine E, ail, alcool et vin rouge, durant deux semaines ;
- liquides chauds, sel et épices, durant deux semaines.

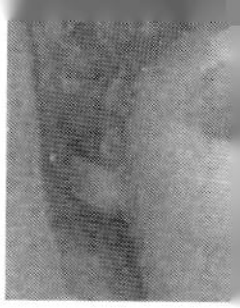

La chirurgie des oreilles : une certaine harmonie

Si les oreilles décollées sont signes de chance en Chine, il en va différemment dans les sociétés occidentales, comme le rappellent de cruels dictons populaires. Nul besoin de subir les quolibets ou de ne plus savoir comment se coiffer pour envisager une **otoplastie** — d'autant que cette chirurgie a amplement fait ses preuves.

L'otoplastie peut être pratiquée à tout âge. Mais pourquoi attendre ? L'intervention est possible dès l'âge de quatre ans, quand l'oreille a atteint sa forme définitive. À cet âge, les oreilles décollées (prominauris) présentent souvent une conque profonde, tandis que leur racine n'est pas plicaturée. L'intervention consiste à amincir le cartilage auriculaire afin de pouvoir refaire le pli de l'oreille.

Pour corriger des pavillons trop voyants, le plasticien incise l'arrière des oreilles, décolle la peau puis affine le cartilage auriculaire. Ce cartilage aminci étant plus malléable, un nouveau pli peut être fait à l'aide de points de suture. Une fois ce pli fixé, la peau excédentaire est enlevée et sculptée de façon harmonieuse et symétrique. Toute la chirurgie est effectuée par l'arrière des oreilles, de sorte que les cicatrices resteront invisibles.

À la sortie du bloc opératoire, un gros pansement entoure la tête de l'opéré. Ce turban ne doit pas trop comprimer les oreilles gonflées et tuméfiées. Par la suite, un large bandeau, porté pendant plusieurs jours, les protégera tout en favorisant la réduction de l'enflure.

En règle générale, l'otoplastie est une chirurgie sans complications. Si un hématome se forme, le plasticien s'en apercevra dès le retrait du premier pansement. Il peut aussi y avoir saignement ou infection du cartilage de l'oreille (chondrite). Ces complications mineures sont peu de choses en regard des effets spectaculaires de l'otoplastie qui, depuis 1881, a prouvé son immense utilité.

Otoplastie
Femme de 35 ans

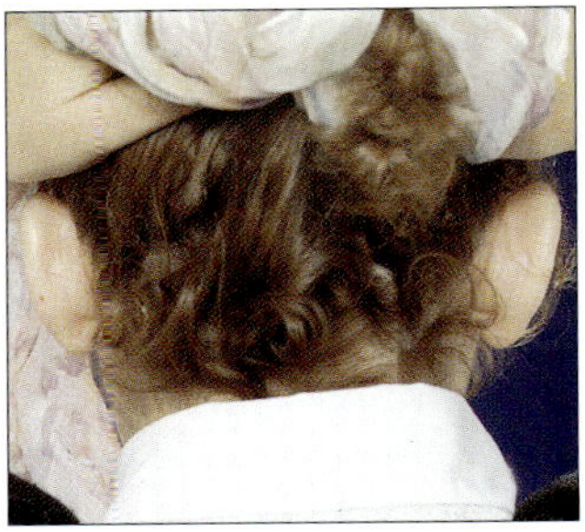

Pré-opératoire, 13 novembre 1995

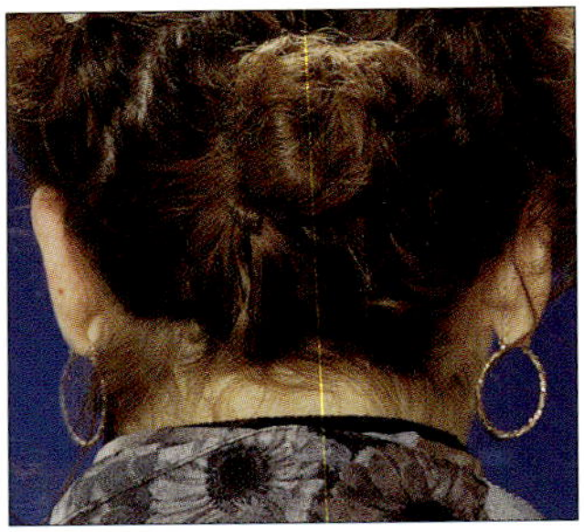

Postopératoire, 12 avril 1996

Otoplastie
Fillette de 6 ans

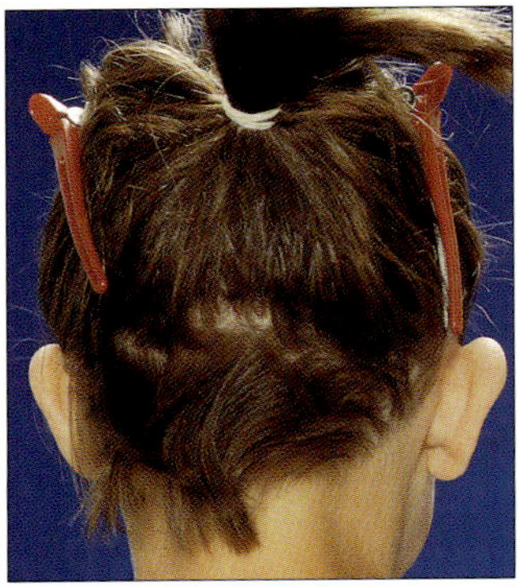

Pré-opératoire, 23 août 1996

Postopératoire, 3 mois, 27 novembre 1996

LA FOIRE AUX QUESTIONS

Mes lunettes peuvent-elles nuire à une otoplastie ?
Non. L'incision aux oreilles est faite à côté du point d'appui des montures.

Quand pourrai-je laver mes cheveux ?
Dès le lendemain de la chirurgie.

Quand pourrai-je pratiquer des sports nautiques ?
Dix jours après l'intervention.

Y a-t-il un risque pour l'audition ?
Non. L'otoplastie ne touche que la partie externe de l'oreille.

VOTRE FICHE PRATIQUE

Âge : dès l'âge de quatre ans.
Anesthésie : générale (pour les enfants), mitigée ou locale.
Durée de l'intervention : 45 minutes.
Séjour en clinique : chirurgie d'un jour.

AVANT

Deux semaines :

- pas de tabac, d'antigrippaux, d'anti-inflammatoires, d'aspirine et de dérivés, de vitamine E, d'ail, d'alcool et de vin rouge.

Quelques jours :

- pas d'expositions au soleil.

La veille :

- jeûne dès minuit la veille, si une anesthésie générale est prévue.

Le matin :

- shampooing au Spectro Tar, avec trois rinçages ou plus ;
- douche au Spectro-Jel ;
- petit déjeuner léger (tisane, rôties et fromage, par exemple), en cas d'anesthésie locale ;
- vêtement confortable n'exigeant pas d'être enfilé par la tête ;
- escorte pour le retour à la maison.

APRÈS

Premier pansement : changé après 24 heures.
Second pansement : serre-tête porté durant huit jours.
Retrait des fils : se résorbent d'eux-mêmes.
Guérison : deux à trois semaines.
Suites normales :

- enflure ;
- bleus durant deux semaines ;
- ampoules superficielles ;
- engourdissement possible des oreilles pour plusieurs mois.

En cas de douleur : un ou deux comprimés de Tylenol extra-fort. PAS D'ASPIRINE PENDANT 15 JOURS.
En cas de saignement : pression exercée avec une serviette appliquée par-dessus le pansement.
Prévenir le chirurgien : en cas de saignement incessant ou de déplacement du pansement.
Complications possibles : infection ; allergie aux médicaments ou aux désinfectants.
À faire :

- repos sur le dos, le buste surélevé par deux bons oreillers, le temps que l'enflure diminue (15 jours) ;
- applications de glace, en mettant toujours un tissu entre la peau et le sac de glace ;
- port nocturne d'un bandeau sur les oreilles durant six semaines, pour éviter leur malpositionnement pendant le sommeil.

À éviter :

- café et thé, le matin de l'opération ;
- maquillage, le matin de l'opération ;
- pansement mouillé, enlevé ou déplacé;
- tabac, aspirine et dérivés, vitamine E, ail, alcool et vin rouge, durant deux semaines ;
- sports violents, durant trois semaines ;
- manipulation des oreilles, durant deux mois ;
- liquides chauds, sel et épices, durant trois mois ;
- coup de soleil et froid extrême.

Soins esthétiques :

- shampooing au Spectro Tar, durant une semaine ;
- séchoir à cheveux réglé à froid, durant une semaine.

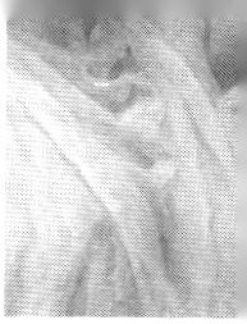

La chirurgie des seins : l'art des concessions

Rien n'est plus fragile que la glande mammaire. Accrochée à la peau par des ligaments ténus, elle est sensible à tous les traumatismes et, par nature, aux variations hormonales, qui agissent sur son volume et sa tenue. À titre d'exemple, les seins changent souvent de consistance à la ménopause parce que la glande vieillissante est en partie remplacée par de la graisse.

Ajoutons à ce tableau les prises de poids suivies d'amaigrissement (une des pires épreuves pour la poitrine), et l'hypertrophie (seins trop gros) ou l'hypotrophie (seins trop petits) congénitales, qui se révèlent à la puberté. Tout compte fait, on comprend pourquoi 80 % des chirurgies aux seins répondent à une motivation esthétique. Certes, il n'existe pas de poitrine idéale, mais, à l'évidence, celle-ci doit d'abord correspondre au gabarit de chacune.

Si des seins volumineux conviennent ainsi à une femme de grande taille, ils écrasent au contraire une petite silhouette. Une grosse poitrine peut aussi entraîner plusieurs problèmes : épaules voûtées, dos rond (cyphose), colonne vertébrale douloureuse, intertrigo (frottement de la peau sous la glande) et… seins tombants. En effet, des glandes mammaires hypertrophiques n'adhèrent pas vraiment au thorax ; c'est la peau qui les supporte. Après plusieurs années, en fait dès l'âge de 25 ans, les tissus de la peau commencent à se distendre et à s'affaisser.

LE SEIN RESSUSCITÉ

Aujourd'hui moins fréquente, l'ablation du sein (mastectomie) n'en reste pas moins nécessaire dans certains cas de cancer. Six à 18 mois plus tard, la reconstruction du sein dépend de la qualité et de la quantité de peau qui reste, ainsi que de la présence ou non du muscle pectoral. La technique la plus simple, qui consiste à insérer une prothèse, convient aux femmes dont la peau est souple et qui ont conservé leur muscle pectoral. On peut également insérer une prothèse gonflable sous la chair. Des injections successives dans cette prothèse permettront ensuite d'étirer suffisamment la peau pour pouvoir y loger un implant permanent. Une troisième technique, plus complexe, consiste à prélever muscle, graisse et peau de l'abdomen afin de les greffer à la place du sein manquant.

Étant donnés les inconvénients d'ordre physique, psychologique et esthétique (un chemisier moulant porté sur un soutien-gorge 34D tient de l'héroïsme), on ne devrait pas hésiter à subir une **réduction mammaire.** L'intervention est simplissime. Un peu comme pour une orange, on réduit le volume de la glande mammaire en lui retirant un quartier vertical et un autre, horizontal, situé au bas de la glande. Le mamelon est ensuite repositionné et la peau du sein remodelé est redrapée tout autour, avant d'être suturée. La cicatrice en forme de T renversé va du mamelon à la base du sein. Cette dernière technique (en forme d'ancre marine) regagne en popularité, car les autres sutures possibles autour de l'aréole du sein ou calquant la forme d'un B écrasent le sein et étirent l'aréole du mamelon. En bout de ligne, elles donneraient de l'avis de plusieurs des cicatrices plus courtes mais de moindre qualité, vu la tension exercée sur les tissus cutanés.

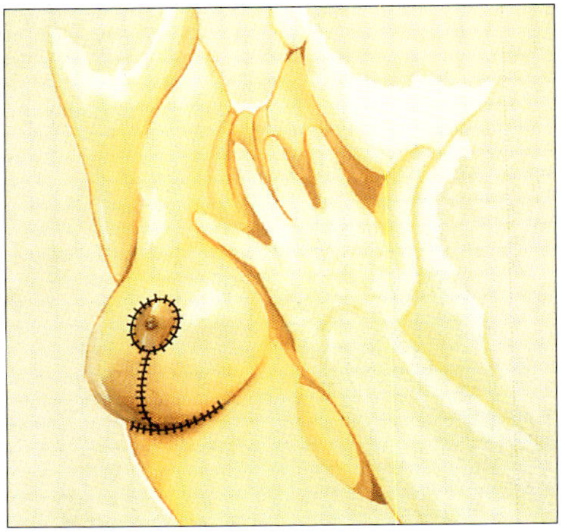

Lifting mammaire

Incision en ancre de bateau

Réduction mammaire

Femme de 36 ans

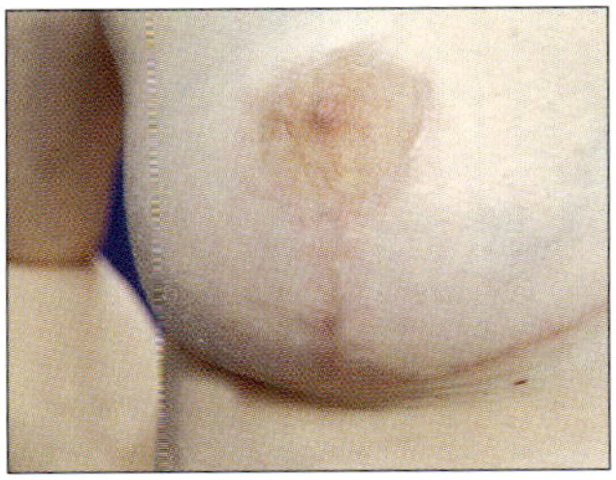

Cicatrice postopératoire, 3 mois

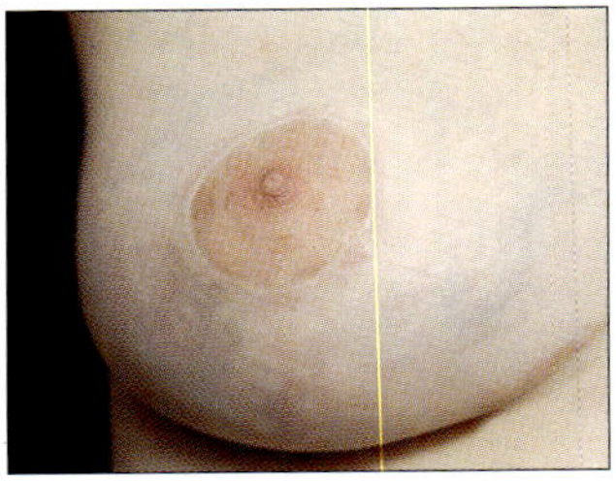

Cicatrice postopératoire, 9 mois

Même avec une suture en forme d'ancre marine, le thorax est une région qui cicatrise toutefois moins bien que le visage ou les paupières. Il faut donc patienter quelques mois avant d'obtenir une cicatrice semblable à une petite vergeture blanche. L'évidence de la cicatrice au niveau du sillon horizontal dépend aussi de sa longueur, elle-même déterminée par le volume du sein opéré. La marque autour du mamelon est peu visible puisque la jonction entre la peau et l'aréole n'est jamais nette, même à l'état naturel. Hormis les cicatrices, le défi d'une diminution mammaire consiste donc à préserver la vitalité du mamelon. Si celui-ci doit être déplacé, en raison d'une réduction importante, sa sensibilité et sa capacité d'allaitement peuvent en être altérées.

Réduction mammaire

Femme de 36 ans

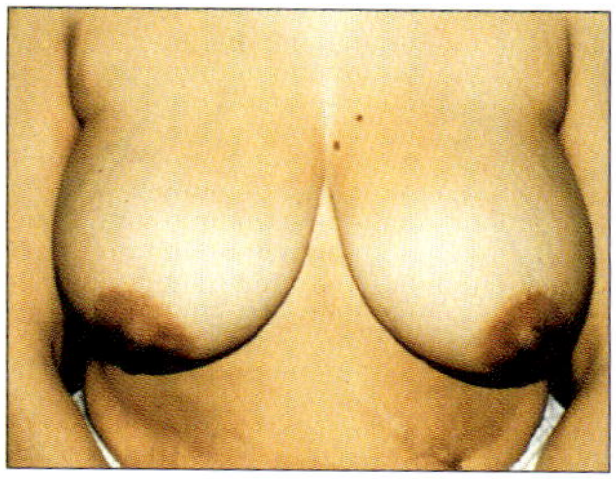

Pré-opératoire, 15 mai 1988

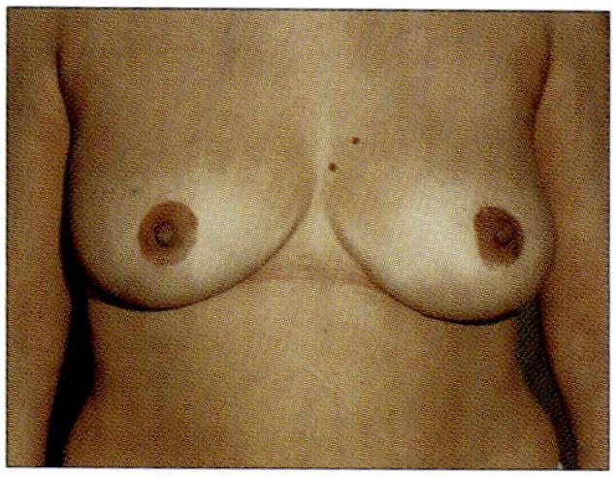

Postopératoire, 1 an, mai 1989

La **mastopexie** (ou lifting du sein) vise plutôt à redraper la poitrine. La technique ressemble à celle d'une réduction mammaire, à la différence que le lifting retire seulement un excédent de peau, et non un surplus de glande. Par une incision en forme d'ancre marine (le classique T renversé), le plasticien remonte simplement la glande mammaire, il enlève la peau excédentaire et redrape celle qui subsiste autour de la glande, tout en repositionnant le mamelon.

Si les seins sont tombants au point d'en paraître « vidés », le chirurgien peut installer une prothèse qui leur donnera plus de projection et les fera saillir. La seule restriction entourant une mastopexie se rapporte à son calendrier. Cette chirurgie gagne en effet à être effectuée après toutes les grossesses, sous peine que l'une d'entre elles ne provoque un nouvel affaissement des glandes mammaires.

Mastopexie

Femme de 40 ans

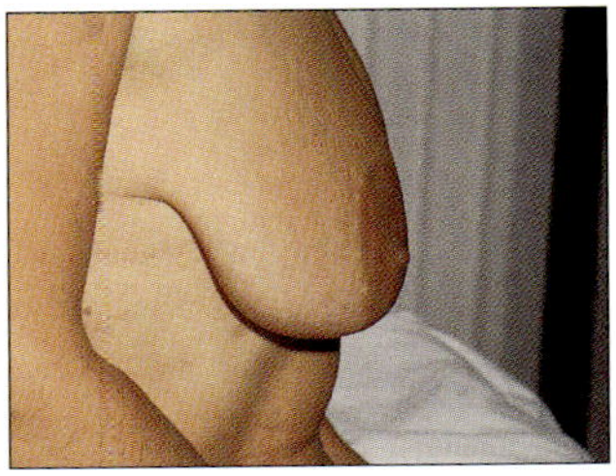

Pré-opératoire, 28 septembre 1987

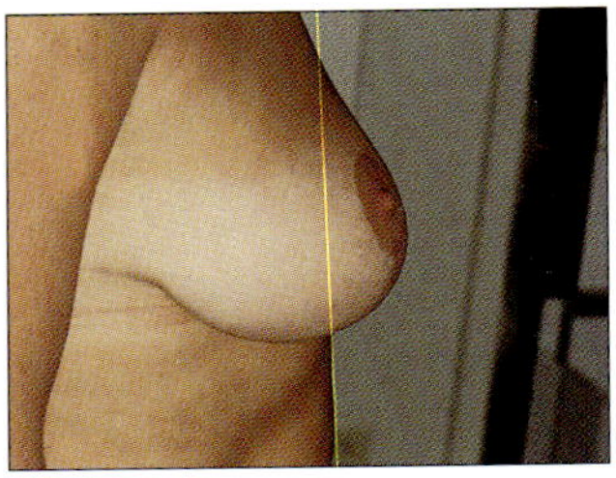

Postopératoire, 8 mois, 9 mai 1988

Mastopexie

Femme de 41 ans

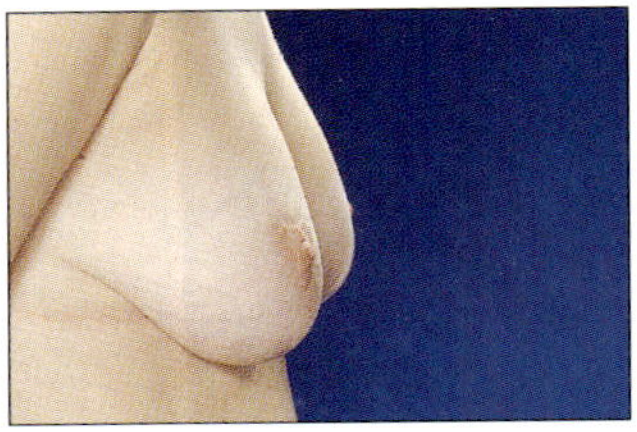

Pré-opératoire, 2 décembre 1996

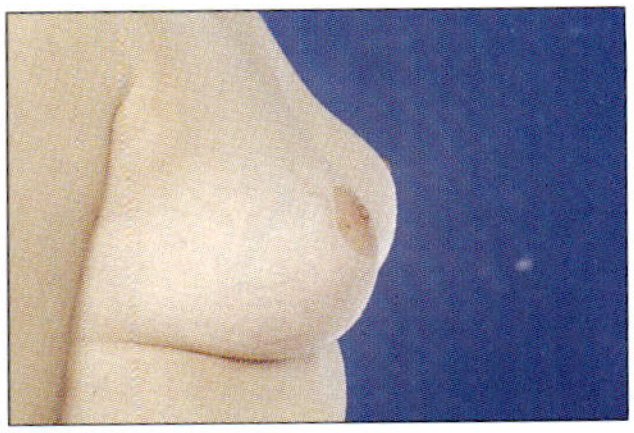

Postopératoire, 1 an, 16 décembre 1997

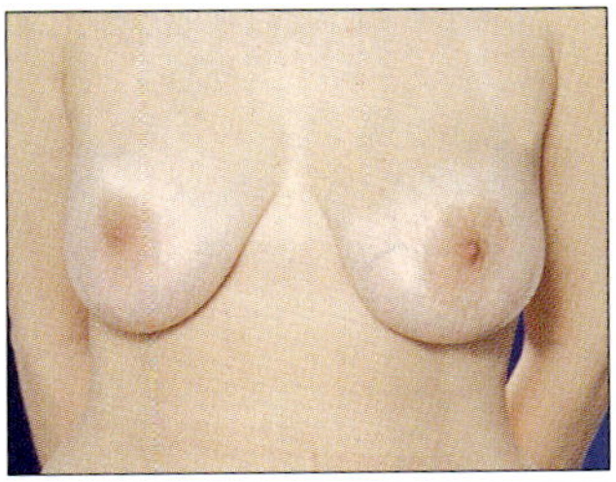

Pré-opératoire, 2 décembre 1996

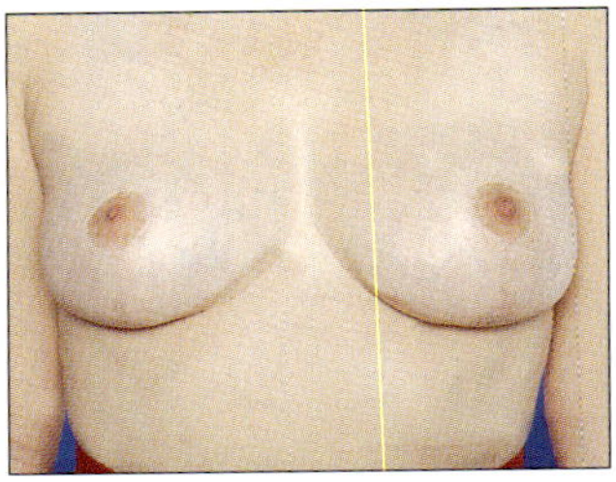

Postopératoire, 1 an, 16 décembre 1997

Mastopexie

Femme de 45 ans

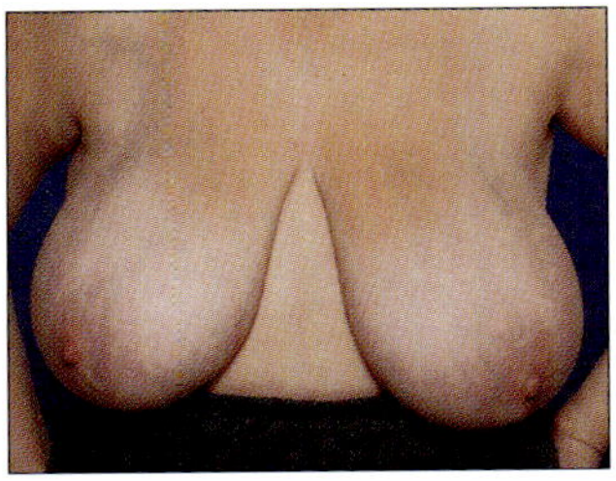

Pré-opératoire, 30 octobre 1997

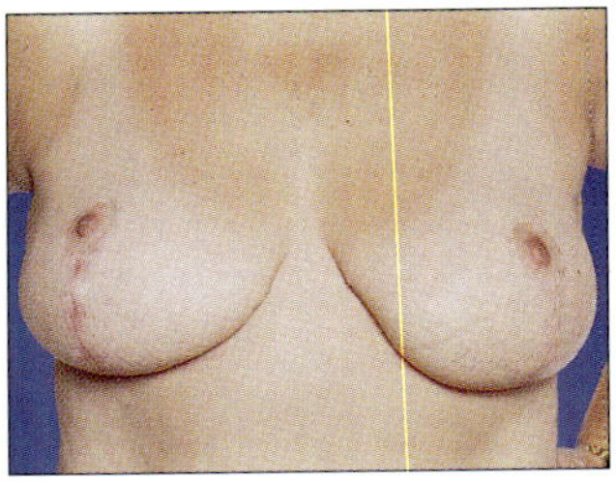

Postopératoire, 29 septembre, 1998

LE SCANDALE DE LA SILICONE

Les premières prothèses mammaires, offertes dès 1930, consistaient en simples boules de verre. Après la Deuxième Guerre mondiale, on utilisa d'imparfaites prothèses de plastique, jusqu'à ce que les implants au sérum physiologique soient au point. En 1962, des prothèses au gel de silicone furent commercialisées et portées sans problèmes apparents par des millions de femmes. Une étude, complétée en 1990, indiquait même que 95 % des porteuses se disaient satisfaites.

Tout bascula en 1991, quand un jury américain statua qu'une patiente avait contracté un trouble du tissu conjonctif à la suite de la pose de ses implants mammaires. Certes, des cas de maladies auto-immunes (sclérodermie, lupus, polyarthrite rhumatoïde) avaient déjà été relevés au Japon ; mais les femmes concernées avaient reçu des injections de paraffine liquide ou un mélange de paraffine et de silicone — une technique qui n'a jamais été employée couramment en Amérique du Nord. Médias aidant, les poursuites contre les fabricants de prothèses Meme et Replicon se mirent dès lors à pleuvoir et les gouvernements américain et canadien imposèrent un moratoire sur la question.

Depuis 1992, les implants en gel de silicone sont donc interdits à des fins esthétiques. Tout récemment, l'American Medical Association, l'American College of Rheumatology et l'American Medical Women's Association, pour ne nommer que ceux-là, ont pourtant réaffirmé l'absence de lien entre les maladies auto-immunes et le gel de silicone. Le Dr Marcia Angell, directrice du *New England Journal of Medicine,* a aussi dénoncé la façon dont les avocats américains avaient manipulé les données scientifiques devant les tribunaux. En ce qui concerne le cancer, l'abondante preuve médicale n'en finit plus d'établir qu'il n'y a pas plus de cancer chez les porteuses de prothèses que chez les autres femmes. Les statistiques indiquent même qu'on retrouve moins de cancers du sein chez les porteuses d'implants mammaires. Il convient également de rappeler que toutes les seringues employées en milieu médical sont lubrifiées à la silicone. Quant aux diabétiques, ils s'injectent environ trois grammes de silicone chaque année par l'entremise de leurs piqûres d'insuline.

LE SCANDALE DE LA SILICONE (suite)

Dans le domaine esthétique, les implants au gel de silicone continuent d'être employés en Allemagne, en Italie, en Espagne, en Belgique, aux Pays-Bas, en Suède et en Grande-Bretagne. S'ils ne sont pas offerts en France, c'est à l'encontre de l'avis de l'agence médicale gouvernementale, qui a recommandé la levée de leur interdiction. Fait étrange, les implants testiculaires et péniens à base de gel de silicone, ainsi que ceux employés pour les enfants ayant besoin de valves au cerveau ou au cœur, ont échappé au scandale pendant tout ce temps. Deux poids, deux seins, deux mesures ?

Comme aucun traitement hormonal ne peut faire « pousser les seins », l'**addition mammaire,** destinée aux seins trop menus, reste un classique de la chirurgie esthétique. Quoique le résultat final soit presque toujours superbe, la pose de prothèses reste un défi artistique. Le volume de l'implant, qui varie de 150 à 500 centimètres cubes, est choisi en fonction de la physiologie de chaque femme : grandeur, poids, largeur des épaules, coussinet glandulaire et proéminence des côtes. À ces données anatomiques se greffent désirs personnels et données culturelles. À titre d'exemples, les Brésiliennes optent rarement pour des implants de plus de 150 centimètres cubes, alors que les Américaines ne rebutent pas à ajouter 400 centimètres cubes à chacun de leurs seins.

Il reste que la physiologie a le dernier mot, car des implants trop lourds risquent d'entraîner des problèmes de cicatrisation ou d'extrusion. Pour permettre l'insertion d'une prothèse, le sein peut être incisé autour de l'aréole ou dans l'aisselle — une technique plus compliquée en raison des bactéries qui peuplent cette dernière zone et du risque accru de saignements et d'asymétrie aux seins. Le plus souvent, le sein est donc incisé dans son pli inframammaire (sous le sein).

Grâce à une ouverture de deux à quatre centimètres, le chirurgien s'assure qu'il n'y a aucun saignement interne avant d'insérer la prothèse dans une loge, dégagée derrière le muscle pectoral. L'insertion d'un implant sous le muscle pectoral donne une projection en forme de poire, plus naturelle. Chez les femmes très minces, ce site permet notamment de mieux dissimuler des prothèses qui, autrement, pourraient être plus visibles et plus palpables.

Incisions pratiquées lors d'une addition mammaire

1. Axillaire

2. Infra aréolaire

3. Infra mammaire

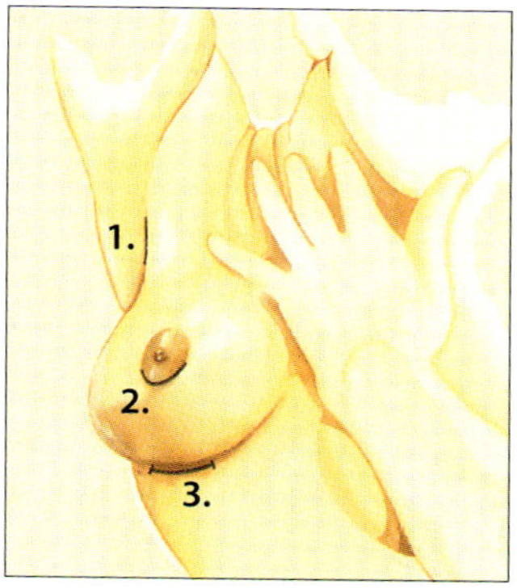

Deux manières d'insérer les prothèses mammaires

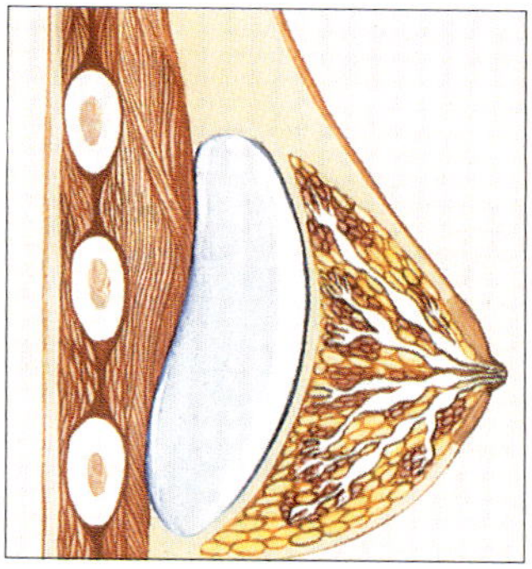

Prothèse insérée devant le muscle pectoral

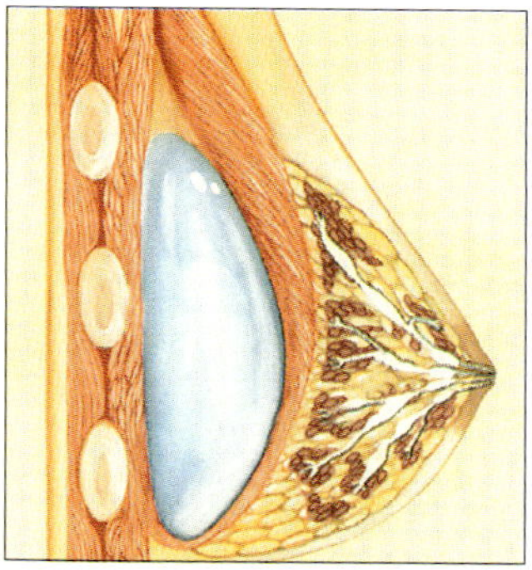

Prothèse insérée derrière le muscle pectoral

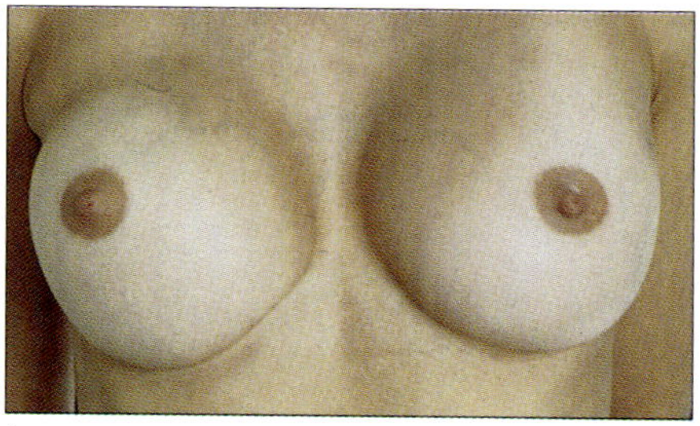

À gauche : prothèse insérée devant le muscle pectoral (sein rond)

À droite : prothèse insérée derrière le muscle pectoral (sein de forme allongée, plus naturelle)

DU SOYA DANS LES SEINS

Depuis le 8 février 1996, plusieurs Canadiennes ont accepté de recevoir, à titre expérimental, un nouveau type d'implants mammaires. Mises au point par la firme californienne LipoMatrix, les prothèses Trilucent sont remplies d'huile de soya purifiée, une substance qui sert habituellement à l'alimentation intraveineuse des bébés. Similaire au gras humain, cette huile végétale peut être assimilée par le corps en cas de fuites. Elle gênerait moins la lecture des mammographies, et sa texture ressemblerait à celle du sein.

Chaque implant à valve est muni d'une puce électronique qui garde en mémoire son numéro de fabrication. Seul le temps révélera si les implants Trilucent, dont on a texturé la surface extérieure, empêchent la formation de coques fibreuses aux seins. Pareillement, seul le temps dira ce qui adviendra du projet de la firme Reprogenesis. Cette compagnie de Dallas travaille à une technique d'augmentation mammaire en employant un tissu prélevé sur une partie du corps puis greffé au niveau du sein.

Il reste que l'addition mammaire entraîne parfois le développement d'une membrane fibreuse qui rend le sein rond, dur et douloureux. Il ne s'agit pas d'une complication, mais d'un effet secondaire qu'il faut comprendre si l'on désire le prévenir. En effet, une fois l'incision refermée, l'organisme réagit en tâchant d'enserrer les prothèses. Pour ce faire, il produit des cellules qui renferment de minuscules fibres musculaires. En se contractant pour faire corps avec les implants, ces cellules peuvent transformer graduellement la cicatrice interne en une capsule fibreuse.

Pour prévenir la formation de cette coque, il faut prendre les devants et écraser les seins, peu de temps après la chirurgie. Tel un ballon dont la pellicule de caoutchouc s'étire si on la presse et si on la manipule, la membrane interne, bien compressée, va, elle aussi, s'assouplir. Du coup, on évitera les risques d'une poitrine de bois. Après la pose d'implants, il faut donc exercer une pression sur la poitrine en se couchant à plat ventre et en portant des bandages compressifs.

Le port du soutien-gorge sportif (un point plus petit que nécessaire) est recommandé après une addition mammaire.

Éviter la formation de coque reste sans doute le grand défi d'une addition mammaire, car les autres complications sont rares. La sensibilité du sein est habituellement préservée, tout comme ses capacités d'allaitement, puisque l'intervention ne touche pas les canaux galactophores. Quant à l'hémorragie interne (hématome), peu fréquente, elle survient parfois dans les 24 heures suivant l'intervention. Si nécessaire, un simple drainage chirurgical l'enrayera.

Addition mammaire

Femme de 46 ans

Après une première addition mammaire en 1979, changement de prothèses (360 cc) à la suite de la formation d'une coque fibreuse.

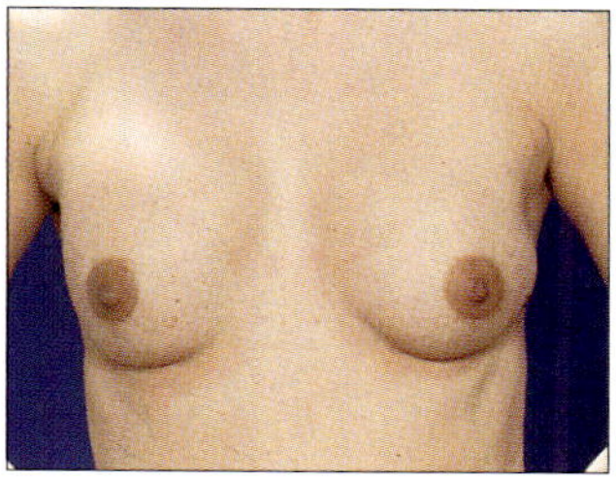

Pré-opératoire, 30 janvier 1997

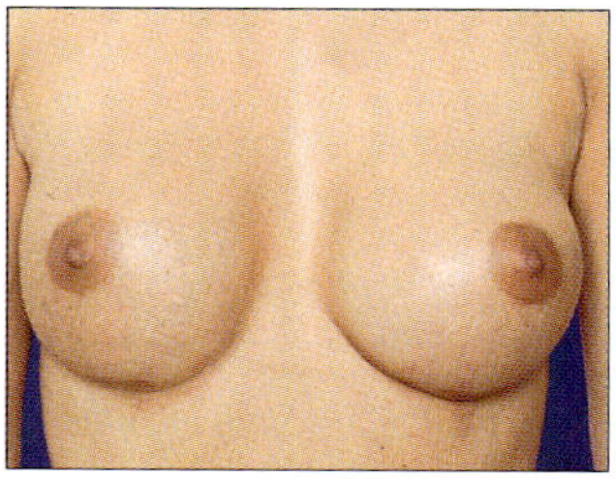

Postopératoire, 27 mai 1997

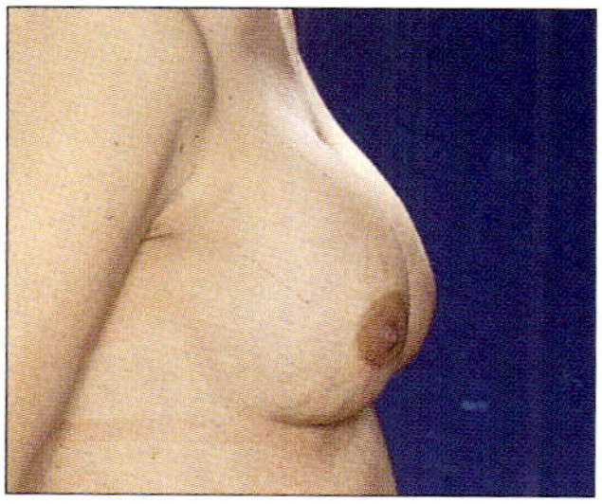

Pré-opératoire, 30 janvier 1997

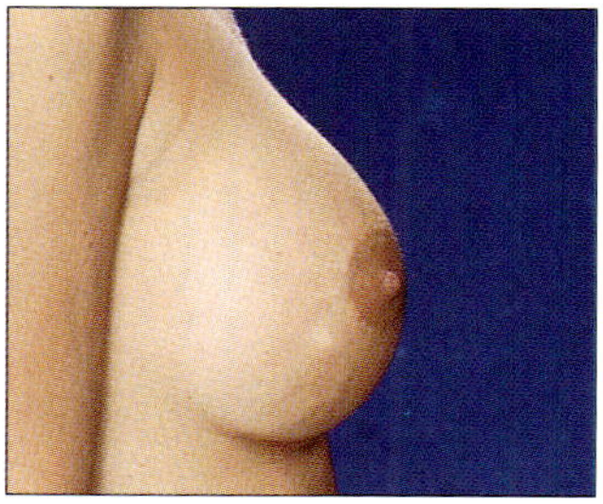

Postopératoire, 27 mai 1997

Addition mammaire

Femme de 37 ans

Après une première addition mammaire en 1984, changement de prothèses (360 cc) et section d'une coque fibreuse.

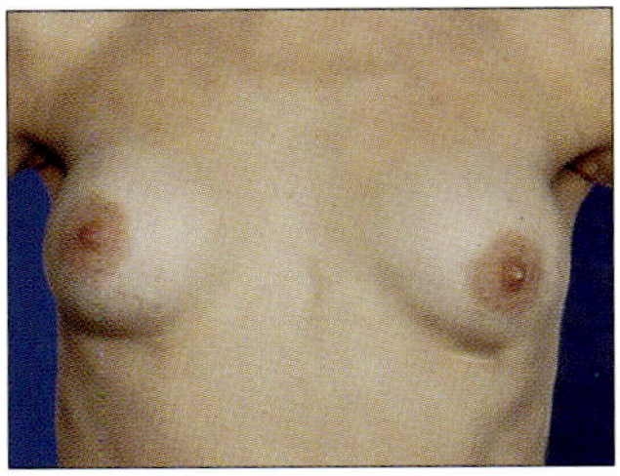

Pré-opératoire (13 ans après une premiere opération), 16 octobre 1997

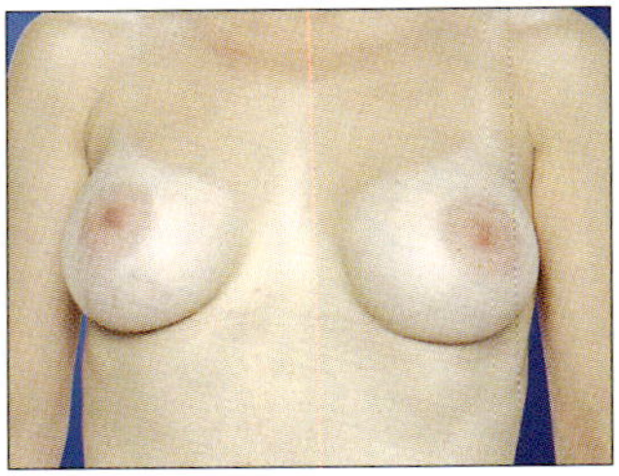

Postopératoire, 10 mois, 11 août 1998

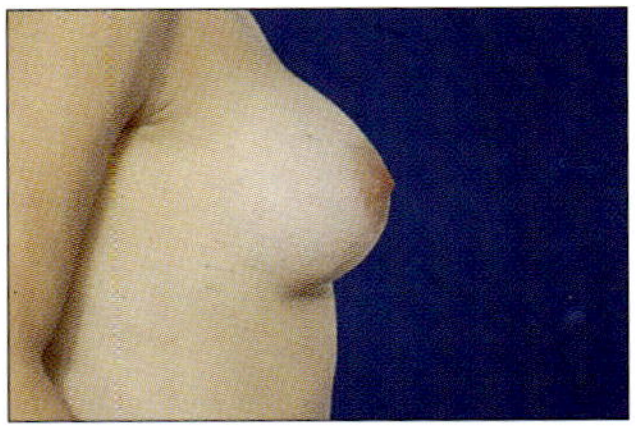

Pré-opératoire (13 ans après une première opération), 16 octobre 1997

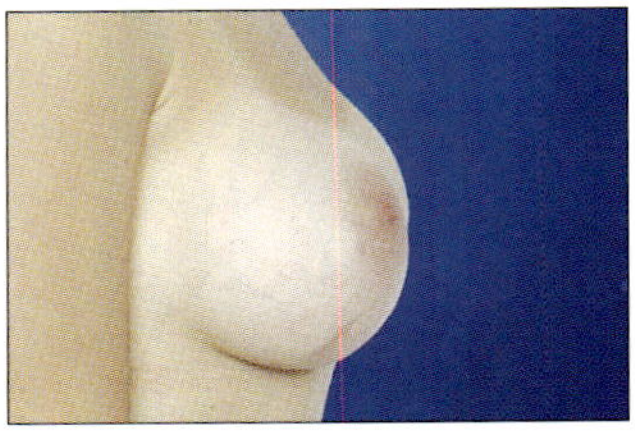

Postopératoire, 10 mois, 11 août 1998

LA FOIRE AUX QUESTIONS

Des exercices ou des crèmes peuvent-ils modifier la courbe de seins tombants ?

Non. Le sein est une glande faite de peau, et non pas un muscle ou un organe. Aucune gymnastique ou crème n'a d'impact sur sa tenue. Il en va de même pour les douches d'eau froide. Comment un jet d'eau, aussi glacial soit-il, pourrait-il modifier la position des glandes mammaires ?

Peut-on faire grossir les seins avec du gras prélevé aux fesses ?

Non. Pour que cette greffe tienne, il faudrait que les cellules graisseuses soient transplantées avec leurs artères et leurs veines. On entre alors dans le domaine de la science-fiction.

Mes vergetures aux seins disparaîtront-elles avec un lifting ou une réduction mammaire ?

En partie. Celles qui sont situées sur la peau enlevée seront supprimées *de facto*.

Comme je suis plutôt maigre, des prothèses mammaires seront-elles palpables sur les côtés des seins ?

Si elles sont glissées sous le muscle pectoral et bien surgonflées, le risque de les sentir ou de les voir sera pratiquement inexistant.

L'addition mammaire est-elle une chirurgie douloureuse ?

Pendant 24 à 48 heures, elle peut provoquer des douleurs semblables à celles d'une montée de lait. Des médicaments permettent de supporter ces désagréments temporaires.

Cette chirurgie peut-elle empêcher le dépistage du cancer du sein ?

Non. En revanche une addition mammaire ne dispense pas de l'auto-examen des seins ni des mammographies recommandées dès l'âge de 49 ans. Des mammographies régulières permettent d'ailleurs de vérifier l'état des implants. Il serait également sage d'aviser le radiologue (ou l'oncologue, le cas échéant) que l'on est porteuse de prothèses. Des clichés supplémentaires peuvent alors être nécessaires.

Qu'arrive-t-il si une infection survient après la pose d'un implant mammaire ?

Ce problème est extrêmement rare. En plus de prescrire une antibiothérapie, on retire les prothèses infectées et on attend trois mois, avant d'en poser de nouvelles.

Les prothèses actuelles sont-elles vraiment sans danger ?

Oui. Les prothèses à valves sont remplies de sérum physiologique. Si elles se dégonflent, leur eau saline sera éliminée par les reins. Par ailleurs, les prothèses en gel de silicone, qui réduisaient le risque de coques fibreuses aux seins, ont été interdites en dépit du fait que de nombreuses études aient conclu qu'elles ne causaient pas de cancer ou de maladies auto-immunes. Plusieurs pensent néanmoins que le gel de silicone est une substance qui, en cas de rupture d'implant, gicle et inonde le corps entier. C'est une grossière erreur : ce gel visqueux et stagnant a même déjà été employé pour effacer les rides de façon permanente. C'est dire sa stabilité.

Après une chirurgie, mes deux seins seront-ils semblables ?

Oui, en autant que le plasticien ait réalisé des dessins pré-opératoires rigoureux et une hémostase soigneuse pour neutraliser les risques d'hémorragie. Mais il est inutile de s'armer d'un pied à coulisse pour mesurer ses seins devant la glace : même les organes naturels présentent une légère asymétrie.

Puis-je être assurée que la sensibilité des mamelons reviendra après une réduction mammaire ?

Presque à 100 %. Le risque est simplement plus élevé quand on doit retirer des seins plusieurs kilos de graisses. Dans ce cas, la sensibilité du mamelon peut être altérée ou perdue. Dans le cas d'une augmentation mammaire, la pose d'implants derrière les muscles pectoraux a, à toutes fins pratiques, éliminé ce risque.

Et si je maigris après l'intervention, mes seins vont-ils tomber ?

Non. Mais il est préférable de perdre du poids de façon progressive.

Si j'ai subi une chirurgie aux seins, devrai-je toujours porter un soutien-gorge ?

Non. Après quelques mois de soins postopératoires, vous pourrez, ou non, porter ce dessous. Le port du soutien-gorge est néanmoins fortement conseillé, notamment si les seins sont volumineux ou lors de la pratique de sports. Les modèles Warner's n° 10454, Lejaby n° 5833 et la gamme Élita pour tailles fortes, ont été conçus pour les poitrines opulentes. Pour le sport, les soutiens-gorge Speedo, Warner's n° 2809, Grenier n°s 8503 et 8505, Wonderbra Isotoner n° 5024 et Vogue, n°s 1860 et 2160 allient confort et support.

Un implant mammaire peut-il se briser lors d'un accident routier ?

Oui et non. Les implants n'ont pas été conçus pour encaisser les chocs d'une course de Formule Un. Mais en temps normal, les risques qu'ils se rupturent demeurent minimes, à moins d'avoir été sous-gonflés. Des plis à la surface de l'implant peuvent être à l'origine de frictions qui l'useront prématurément. Pour éliminer ce risque, le chirurgien surgonfle la prothèse au départ. La rupture ou le dégonflement d'un implant d'eau saline n'est toutefois pas dramatique : on le remplace par un autre… tout simplement !

Un écoulement de lait, après une addition mammaire, est-il considéré comme une complication grave ?

Non. De courte durée, ce phénomène sans conséquences est le plus souvent dû à un déséquilibre hormonal temporaire ou, dans de rares cas, à un petit kyste de lait.

J'ai entendu dire que le coût de certaines chirurgies aux seins était couvert par la Régie de l'assurance-maladie du Québec (RAMQ). Est-ce vrai ?

Oui. Si des seins tombants entraînent des problèmes de santé, les coûts de la mastopexie seront remboursés par la RAMQ. Il en est de même pour la réduction mammaire, en autant que 250 grammes de tissus soient retirés à chaque sein (la Régie exige du plasticien des documents à cet effet). La reconstruction du sein après une ablation ainsi que la correction d'une importante asymétrie mammaire sont également payées par la Régie.

Je pense à faire retirer mes prothèses en gel de silicone. Est-ce une bonne idée ?

Pas vraiment. D'une part, les études établissant l'innocuité de ces implants se multiplient. D'autre part, comment peut-on affirmer, sans l'ombre d'un doute et d'une preuve, que des problèmes de santé puissent être causés par ceux-ci? Quoi qu'il en soit, la question devrait être discutée avec le plasticien. Le gouvernement accorde 180 dollars pour l'excision des prothèses, un acte médical dont la patiente doit payer le solde.

VOTRE FICHE PRATIQUE

Âge: dès la fin de la puberté.
Anesthésie: générale ou mitigée.
Durée de l'intervention: une à trois heures.
Séjour en clinique: chirurgie d'un jour.

AVANT

Deux semaines:

- pas de tabac, d'antigrippaux, d'anti-inflammatoires, d'aspirine et de dérivés, de vitamine E, d'ail, d'alcool et de vin rouge;
- mammographie avant une augmentation mammaire.

Quelques jours:

- pas d'exposition au soleil;
- pas de rasage des aisselles, 10 jours avant.

La veille:

- douche au Spectro-Jel, en savonnant la poitrine durant 15 minutes;
- jeûne complet dès minuit la veille, si une anesthésie générale est prévue;
- antibiotiques.

Le matin:

- douche au Spectro-Jel, en savonnant la poitrine durant 15 minutes;
- petit déjeuner léger (tisane, rôties et fromage, par exemple), en cas d'anesthésie mitigée;
- antibiotiques;
- vêtement confortable avec boutonnage devant;
- escorte pour le retour à la maison.

APRÈS

Premier pansement: changé au bout de 24 heures.
Retrait des fils: au huitième jour.
Guérison:

- remise sur pied immédiate;
- reprise des activités après une semaine;
- guérison en deux ou trois mois, totale en un an.

Suites normales:

- inconfort, durant 24 à 48 heures;
- bleus, durant deux semaines;
- enflure, durant deux à trois mois;
- sensibilité modifiée du mamelon, durant deux à six mois;
- cicatrices rouges, durant un an.

En cas de douleur: un ou deux comprimés de Tylenol extra-fort. PAS D'ASPIRINE PENDANT 15 JOURS.

Prévenir le chirurgien : en cas de gonflement anormal dans un sein, d'hémorragie interne ou de fièvre.

Complications possibles : infection ; hémorragie ; hématome ; sérome (accumulation de liquide lymphatique) ; ouverture de l'incision ; trouble de cicatrisation ; asymétrie ; extrusion de la prothèse ; allergie aux médicaments ou aux désinfectants.

À faire :

- prise d'antibiotiques ;
- repos à 45°, la tête surélevée durant une semaine, puis sur le côté ou, mieux encore, à plat ventre (addition mammaire) ;
- applications de glace sur le site, en mettant toujours un tissu entre la peau et le sac de glace. Au bout de 48 heures, applications de chaleur sèche (coussin électrique) durant 20 minutes, toutes les heures ;
- port d'un soutien-gorge compressif nuit et jour durant un mois, puis 12 heures par jour durant 3 mois (addition mammaire) ;
- port d'un soutien-gorge à maintien moyen, sans armature (*lift* ou réduction mammaire) ;
- compression des seins, durant trois mois (addition mammaire).

À éviter :

- café et thé, le matin de l'opération ;
- déodorant, le matin de l'opération ;
- tabac, aspirines et dérivés, vitamine E, ail, alcool et vin rouge, durant deux semaines ;
- mouvements brusques, efforts et exercices violents, durant un mois ;
- liquides chauds, sel et épices, durant trois mois.

Soins esthétiques :

- douches seulement, dans les 10 jours suivant la chirurgie (le bain est permis, en autant que la cicatrice ne trempe pas dans l'eau) ;
- crème hydratante et diachylon sur les mamelons plus sensibles, au besoin ;
- nettoyage d'une cicatrice suintante avec du peroxyde et du mercurochrome, à l'aide d'un coton-tige ;
- écran solaire contenant du dioxyde de titanium (*PreSun Sun Block FPS 21*) après le retrait des points, sur toutes les cicatrices, durant six mois en cas d'exposition au soleil.

Activités : marche et exercices légers, durant un mois.

Addition mammaire
Femme de 23 ans
Prothèses de 450 cc

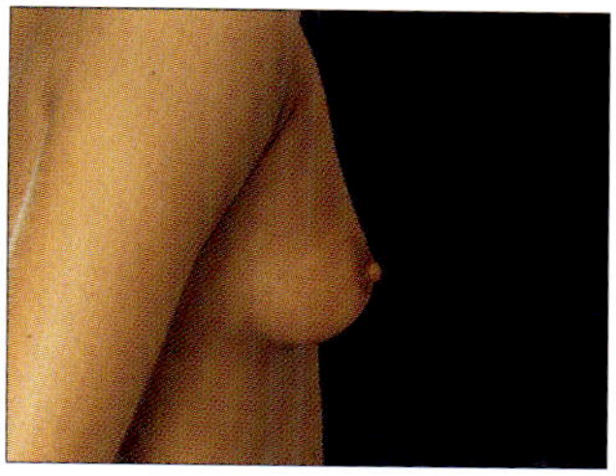

Pré-opératoire, 28 août 1995

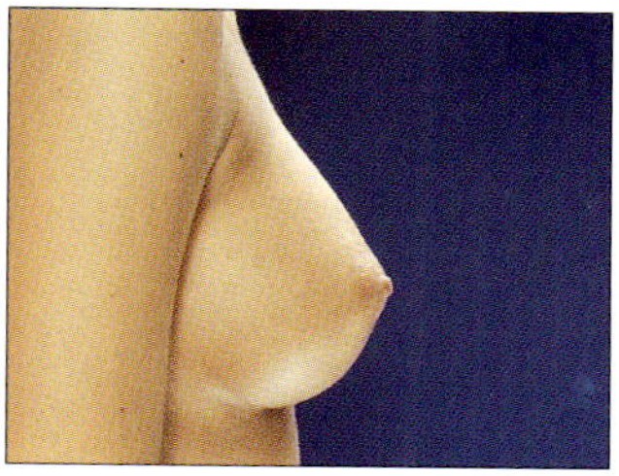

Postopératoire, 9 mois, 28 mai 1996

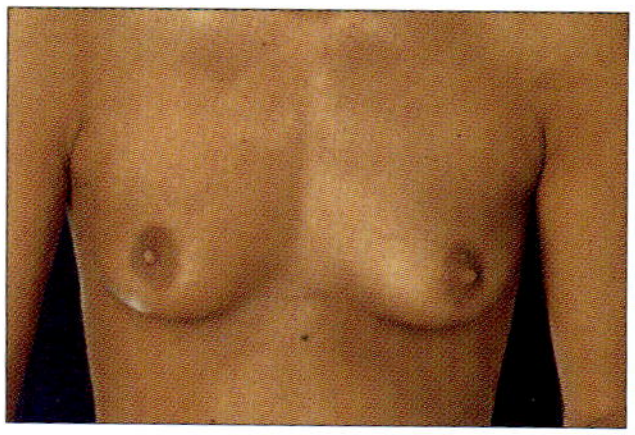

Pré-opératoire, 28 août 1995

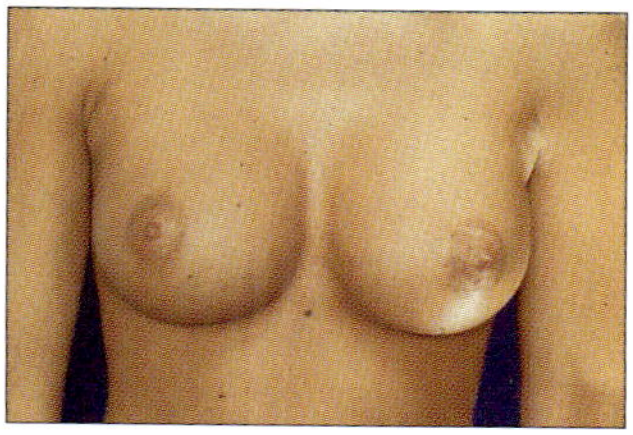

Postopératoire, 9 mois, 28 mai 1996

Addition mammaire
Femme de 29 ans
sein droit : 340 cc —
sein gauche : 370 cc

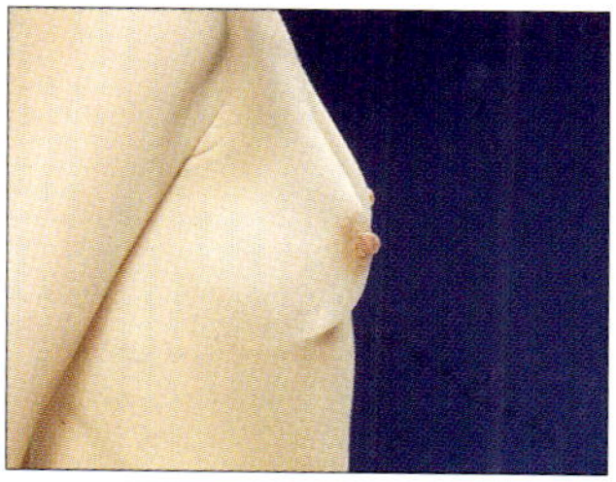

Pré-opératoire, 4 avril 1996

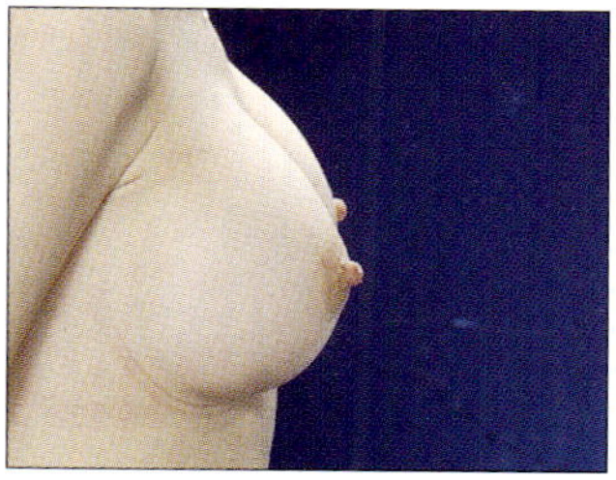

Postopératoire, 6 mois, 11 octobre 1996

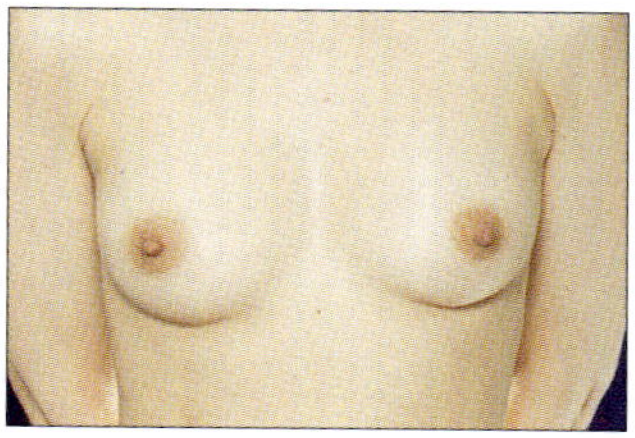

Pré-opératoire, 4 avril 1996

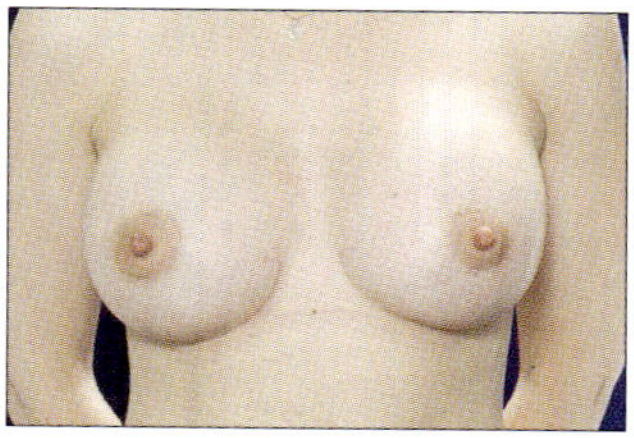

Postopératoire, 6 mois, 11 octobre 1996

ion mammaire
me de 21 ans
ses de 400 cc

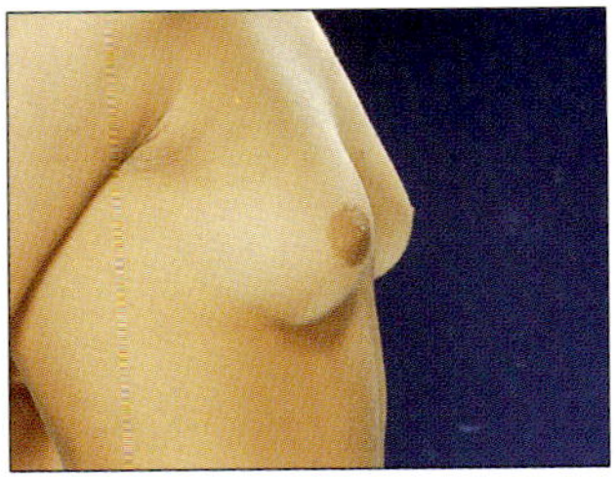
Pré-opératoire, 16 mai 1996

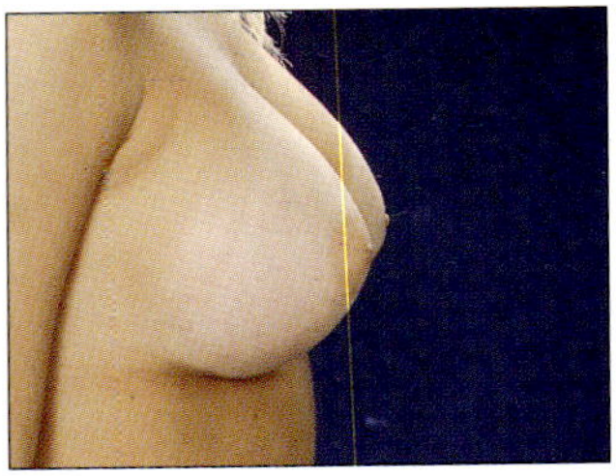
Postopératoire, 6 mois, 28 octobre 1996

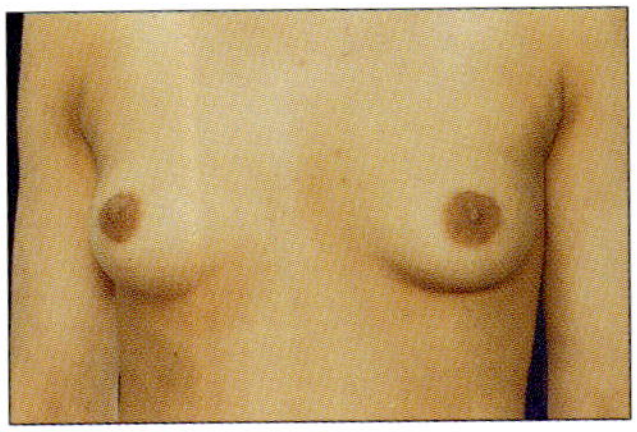
Pré-opératoire, 16 mai 1996

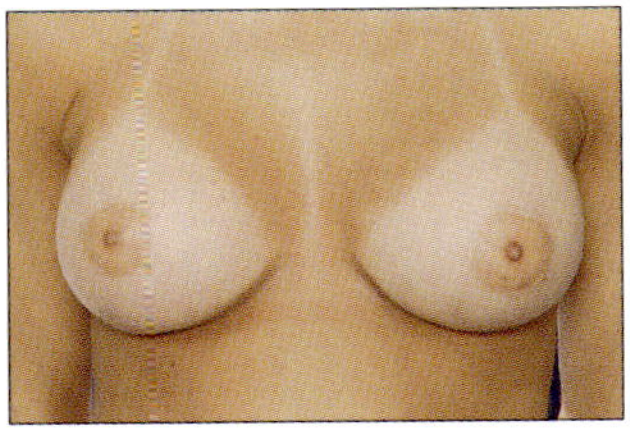
Postopératoire, 6 mois, 28 octobre 1996

Addition mammaire
Femme de 22 ans
Prothèses de 350 cc

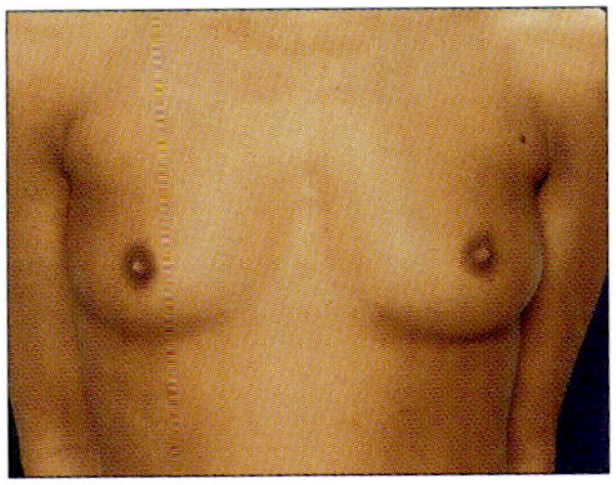
Pré-opératoire, 28 juin 1996

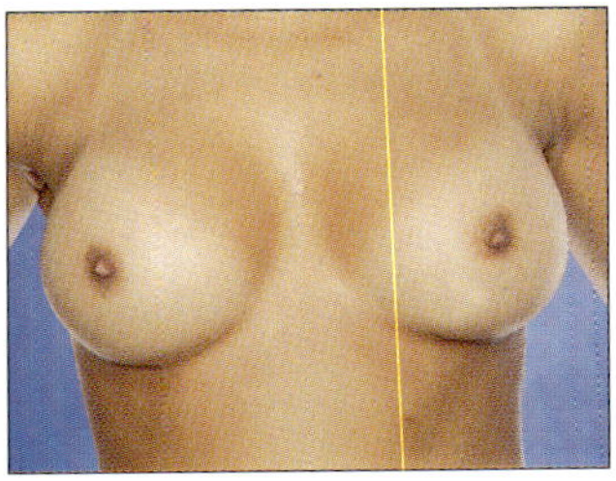
Postopératoire, 25 février 1998

Addition mammaire
Femme de 23 ans
Prothèses de 310 cc

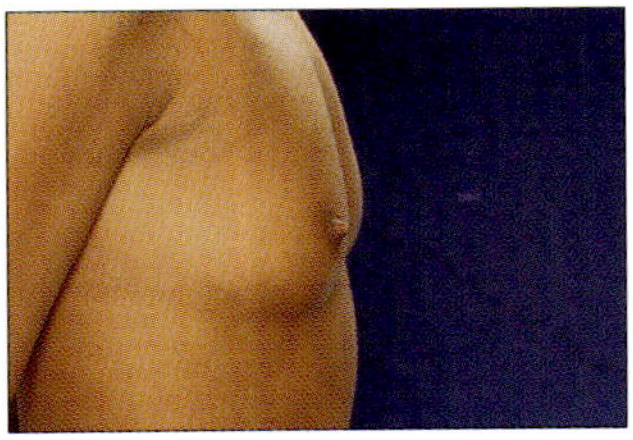
Pré-opératoire, 3 février 1995

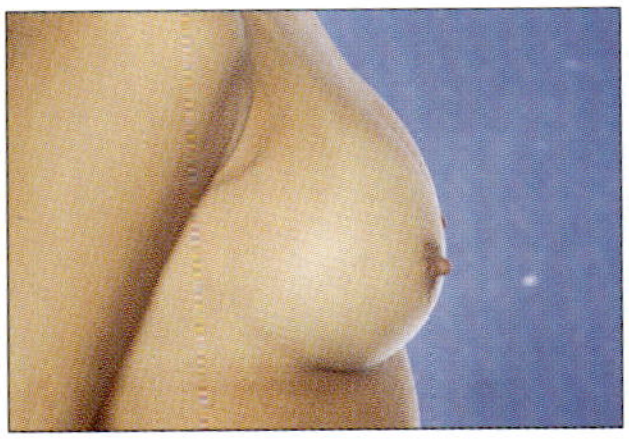
Postopératoire, 11 mars 1996

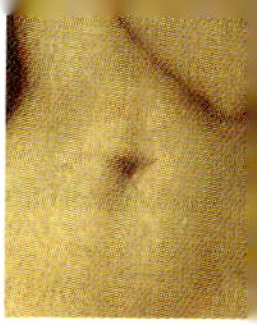

La chirurgie du ventre : le nombril du monde

Naguère, la chirurgie esthétique du ventre laissait une grande cicatrice transversale, qui barrait tout l'abdomen. Réservée aux obèses « repentis » ou aux corps marqués par plusieurs grossesses, cette chirurgie était davantage une affaire de confort que de beauté. Mais, les techniques s'étant raffinées, les petits ventres ronds peuvent désormais être améliorés, tout autant que les abdomens fripés.

Une chirurgie abdominale peut intéresser toute personne qui, malgré des régimes, ne parvient pas à se défaire d'un petit bedon ou qui veut en finir avec un ventre vergeturé ou tombant, séquelle de plusieurs grossesses. Malgré la diversité des plasties de l'abdomen, aucune ne vise cependant l'amaigrissement comme tel. Bien au contraire, il vaut mieux avoir perdu ses kilos excédentaires avant l'intervention, pour que celle-ci ne s'attaque qu'aux graisses indélogeables.

Différentes techniques permettent de remettre les choses à plat. La **liposuccion** supprime le coussin graisseux qui capitonne un petit ventre à la peau élastique. La technique est simple : le plasticien introduit une canule par une fine incision pratiquée à la hauteur des poils pubiens. Il aspire ensuite la graisse de façon uniforme, en creusant des tunnels déployés en rayons de soleil (voir page 109). Il peut compléter l'opération par une aspiration croisée effectuée au niveau du nombril.

Si le ventre est tombant et abîmé, la liposuccion ne suffira pas. Le plasticien la conjuguera alors à une **abdominoplastie.** Cette intervention est en quelque sorte un lifting de l'abdomen. Après avoir pratiqué une incision au ras du pubis, le plasticien découpe le nombril pour le laisser en place sur le pédicule le rattachant à la paroi abdominale. Cela fait, il décolle la peau du ventre, sous le nombril, et la tend vers le bas, comme on tirerait sur un pull trop grand.

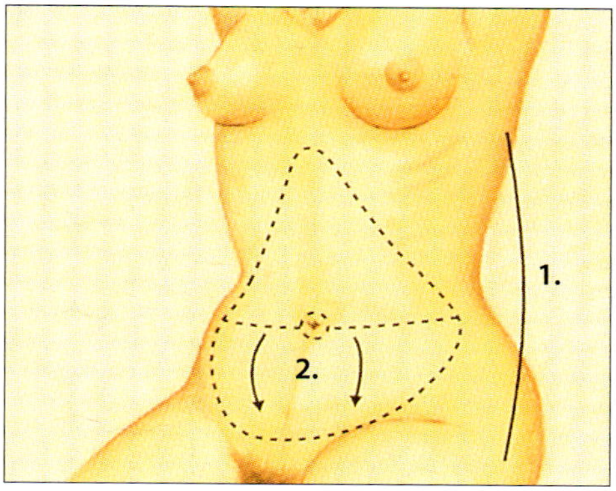

Lipectomie abdominale

1. Site du décollement abdominal

2. Excès de peau

> « J'ai eu le ventre très abîmé par des grossesses rapprochées. J'avais 30 ans, mais mon ventre avait au moins 20 ans de plus. J'ai tout essayé: la gym, les crèmes antivergetures, les massages, rien n'y a fait. J'avais une peur bleue de la chirurgie, mais le plasticien m'a expliqué que j'étais un bon cas, car on pouvait retendre mon ventre sans faire de grandes incisions. Il m'a aussi dit que ma peau ne redeviendrait jamais exactement comme avant mes grossesses. Aujourd'hui, j'ai un ventre bien plat et la cicatrice ne me dérange pas. Bref, ce n'est pas mon ventre de 20 ans, mais il est très convenable et je n'ai plus honte de me déshabiller. »
>
> *Nicole, 36 ans, opérée pour une abdominoplastie*

À ce stade, une petite incision permet de remettre en place le nombril, comme un bouton replacé à la hauteur de sa boutonnière. Le chirurgien coupe la peau excédentaire avant de suturer le ventre. Débarrassé de sa peau flasque, l'abdomen se retrouve *ipso facto* gommé des vergetures qui ornaient le fuseau de chair excisée. Il perd également une partie de sa masse graisseuse.

Dans les cas les plus sévères, après une perte de poids excessive ou plusieurs grossesses, le lifting de l'abdomen ne suffit pas toujours. En effet, les muscles de la paroi abdominale devraient retrouver leur galbe après l'accouchement, mais il arrive parfois qu'ils ne se rapprochent pas correctement après avoir été distendus. La paroi musculaire affaiblie laisse alors pointer un ventre protubérant, que seule une **lipectomie abdominale** pourra aplanir.

Cette intervention touche plusieurs plans. La sangle abdominale est refermée, ce qui élimine toute saillie. Une liposuccion enlève une partie des tissus graisseux. Et surtout, un large décollement de la peau de l'abdomen permet une excision en bloc de peau et de graisse, faite au bas du ventre. Il ne reste plus ensuite qu'à replacer le nombril dans un nouvel axe.

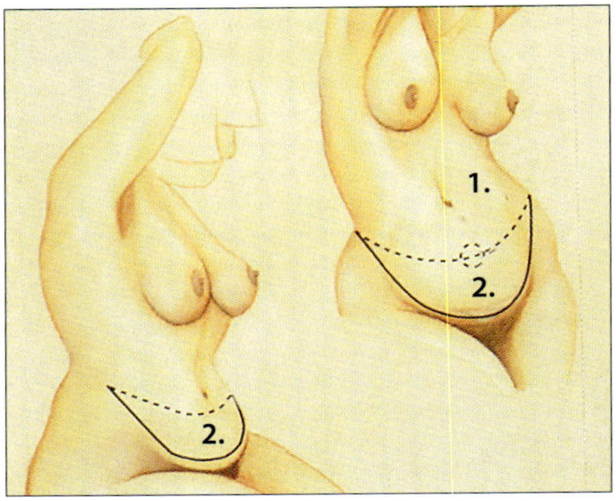

Lipectomie abdominale

1. Repositionnement de l'ombilic
2. Excès de peau

Puisque divers tissus sous-cutanés (graisses, muscles) sont ici retouchés, il va de soi que des soins postopératoires méticuleux s'imposent. Dépendant de la technique à laquelle elle recourt, une chirurgie abdominale peut donc être plus ou moins lourde, plus ou moins douloureuse. Chose certaine, une gaine de contention devra être portée, dans tous les cas. Enfin, la convalescence s'échelonnera sur plusieurs semaines d'affilée.

LA FOIRE AUX QUESTIONS

Avant l'intervention, des examens spécifiques sont-ils nécessaires ?
Une échographie permet d'évaluer la couche de graisse et de dépister une hernie, bref, d'explorer les organes de l'abdomen.

Existe-t-il des contre-indications à une lipectomie abdominale ?
Oui. Une mauvaise circulation sanguine, des accidents pulmonaires ou des antécédents de phlébite peuvent constituer des obstacles.

La lipectomie abdominale est-elle douloureuse ?
Modérément. Il est évident qu'une intervention qui touche simultanément des muscles, des graisses et de la peau entraîne plus d'inconfort qu'une simple liposuccion.

Qu'adviendra-t-il de mon ventre si je suis enceinte ?
À l'exception de la liposuccion, il vaut mieux programmer une intervention abdominale après la dernière grossesse, sous peine de devoir tout recommencer.

Puis-je m'exposer au soleil après l'intervention ?
Oui, en autant que la cicatrice soit bien cachée sous un maillot opaque. Sinon, elle pourrait se pigmenter et devenir voyante.

La graisse enlevée par liposuccion peut-elle revenir ?
Non. La canule enlève le gras à la source, en extrayant les cellules qui le contiennent (les adipocytes). Si vous reprenez du poids, la graisse se développera ailleurs.

Après un amaigrissement sévère, une liposuccion combinée à un redrapage du ventre suffit-elle ?
Tout dépend du volume du ventre et de la chute des tissus. Il existe des cas où la lipectomie abdominale reste l'unique solution esthétique possible.

Les cicatrices sont-elles invisibles ?
Pas tout à fait. Situées à l'intérieur de la culotte, au bas du ventre et autour du nombril, elles sont néanmoins peu visibles, en regard de l'amélioration de la silhouette.

Enlever le surplus de peau et de graisse au ventre peut-il affiner la taille et les hanches ?
Oui. La taille et les hanches vont, en quelque sorte, épouser les nouvelles courbes.

VOTRE FICHE PRATIQUE

Âge : à partir de 25 ans, rarement au-delà de 65 ans.
Anesthésie : générale.
Durée de l'intervention : deux à trois heures, dépendant de la chirurgie.
Séjour en clinique: parfois nécessaire (un à trois jours).

AVANT

Deux semaines :
- accord écrit du médecin traitant ;
- pas de tabac, d'antigrippaux, d'anti-inflammatoires, d'aspirine et de dérivés, de vitamine E, d'ail, d'alcool et de vin rouge.

Quelques jours :
- pas d'exposition au soleil ;
- achat d'une gaine.

La veille :
- douche au Spectro-Jel ;
- jeûne, dès minuit la veille, en prévision de l'anesthésie générale.

Le matin :
- douche au Spectro-Jel ;
- vêtements confortables ;
- escorte pour le retour à la maison.

APRÈS

Pansement : enlevé après 24 heures.
Retrait des fils : après quatre à cinq semaines.
Guérison :
- repos, durant 15 jours ;
- retour au travail après deux à quatre semaines ;
- guérison en trois mois.

Suites normales :
- douleur et sensation de tiraillement ;
- bleus, durant deux semaines ;
- légère baisse d'énergie (temporaire) durant 10 à 15 jours ;
- enflure et engourdissement local durant quelques semaines ;
- cicatrices.

En cas de douleur : un ou deux comprimés de Tylenol extra-fort. PAS D'ASPIRINE PENDANT 15 JOURS.
En cas de rougeur ou d'écoulement : application de mercurochrome (le contenu d'une bouteille neuve).
Prévenir le chirurgien : en cas de gonflement anormal, de douleur insupportable ou de fièvre.

Complications possibles : infection ; saignement nécessitant une ponction ; sérome (accumulation de liquide lymphatique) ; ouverture de la plaie (déhiscence) ; trouble de cicatrisation ; embolie pulmonaire ; nécrose ; déformation du nombril ; œdème persistant ; allergie aux médicaments, aux désinfectants ou aux diachylons.

À faire :

- repos sur le dos, jambes fléchies, pour ne pas exercer de tension sur la cicatrice ;
- applications de glace sur le site, en mettant toujours un tissu entre la peau et le sac de glace. Au bout de 72 heures, applications de chaleur sèche (coussin électrique) durant 20 minutes, toutes les heures ;
- douche au Spectro-Jel, une semaine après la chirurgie ;
- marche en position courbée, durant une semaine, pour ne pas exercer de tension sur la cicatrice ;
- contractions des jambes et des mollets, en position allongée, pour stimuler la circulation sanguine ;
- port d'une gaine élastique, durant un à trois mois.

À éviter :

- tabac, aspirines et dérivés, vitamine E, ail, alcool et vin rouge, durant deux semaines ;
- bain, durant un mois ;
- mouvements brusques et exercices, durant deux mois ;
- liquides chauds, sel et épices, durant trois mois.

Soins d'hygiène et esthétiques :

- nettoyage du nombril avec un coton-tige ;
- cicatrice sèche et propre, protégée sous des papiers micropores ;
- massage de la cicatrice avec le contenu de capsules de vitamine E un mois après l'intervention.

Activités : marche, durant un mois.

Lipectomie abdominale

Femme de 41 ans

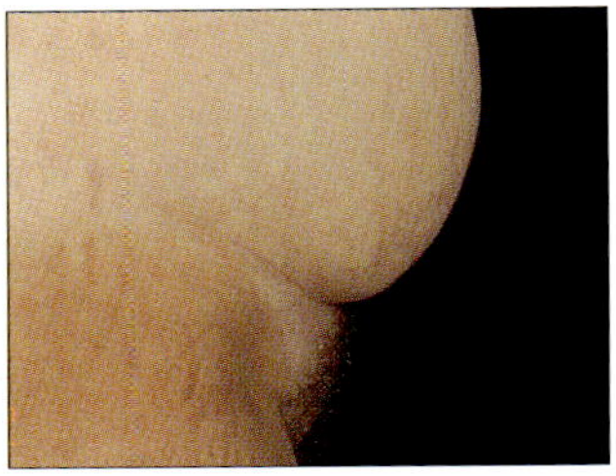

Pré-opératoire, 13 juin 1991

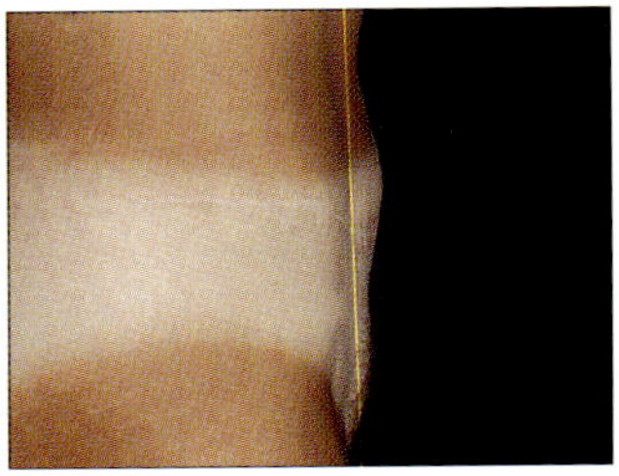

Postopératoire, 9 mois, 13 mars 1992

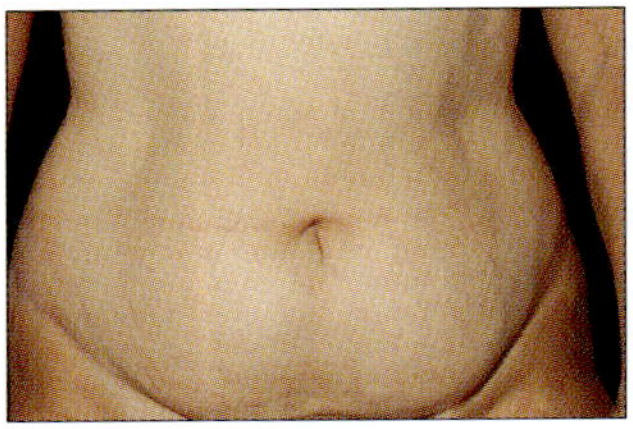

Pré-opératoire, 13 juin 1991

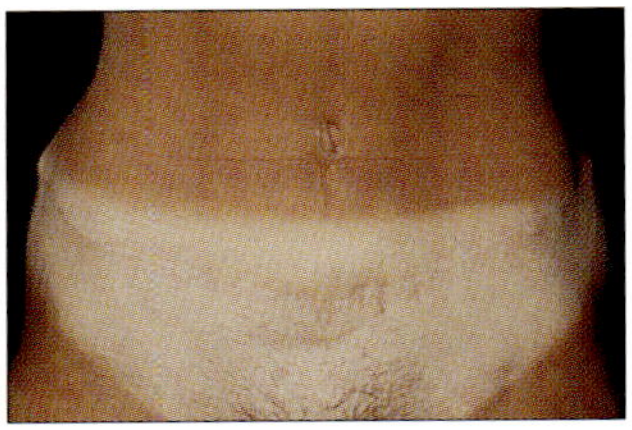

Postopératoire, 9 mois, 13 mars 1992

Lipectomie abdominale

Femme de 42 ans

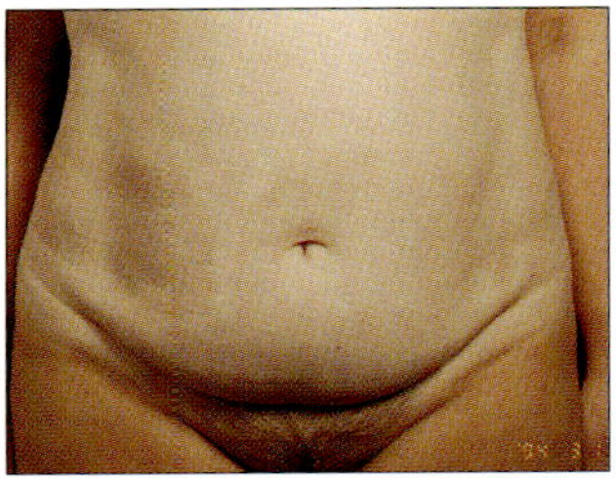

Pré-opératoire, 11 mars 1994

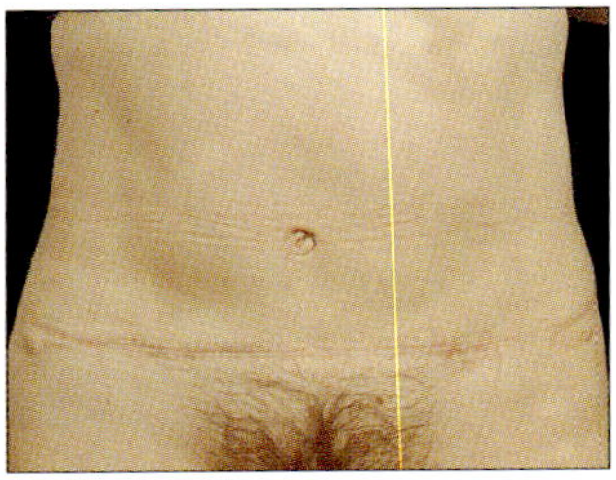

Postopératoire, 11 avril 1995

Lipectomie abdominale et liposuccion

Femme de 45 ans

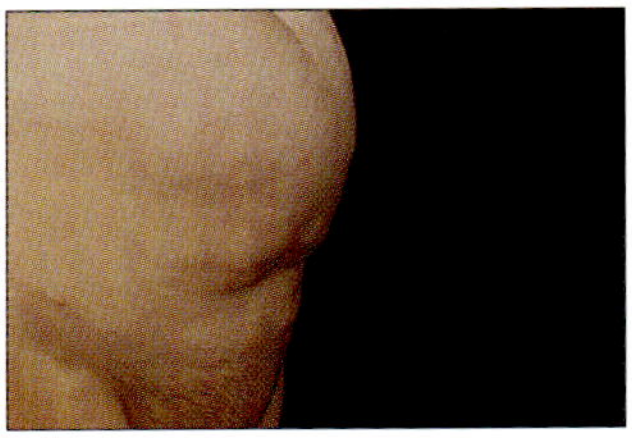

Pré-opératoire, 25 septembre 1997

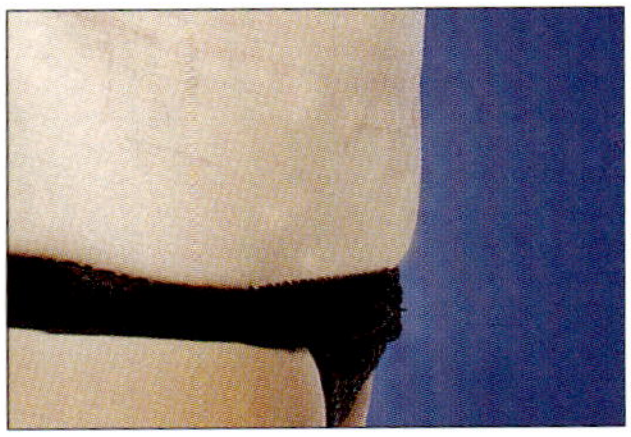

Postopératoire, 29 septembre 1998

AFFINER OU COMBLER

LA MÉDECINE DES FORMES

LA LIPOSUCCION : quand on aspire à mieux

LES IMPLANTS ORGANIQUES : tout combler... ou presque

LES IMPLANTS SYNTHÉTIQUES ET LE REMAILLAGE : attention, turbulences

LA MICROPIGMENTATION : la couleur à la rescousse

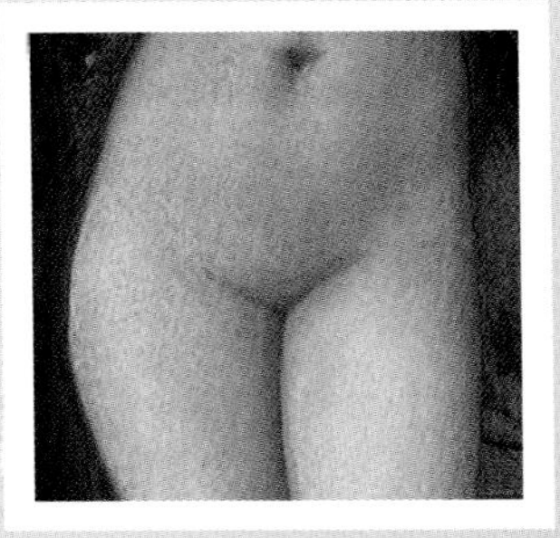

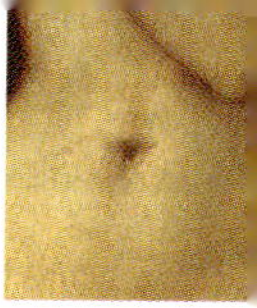

La liposuccion : quand on aspire à mieux

Le progrès esthétique a souvent été tributaire de rectifications patientes, faites au fil des ans. La liposuccion illustre bien cette évolution. Au début des années soixante-dix, l'Allemand Schrudder tente d'enlever des graisses superflues en les curetant. Comme les résultats sont discutables, un médecin italien ajoute au procédé le principe de l'aspiration. C'est mieux, à un détail près : en formant des cavités sous la peau, les curettes employées entraînent de disgracieuses ondulations de surface.

C'est le Dr Yves-Gérard Illouz qui résoudra la délicate équation entre la chair et l'outil, en recourant à de fines canules. Celles-ci épargnent les vaisseaux et creusent des tunnels sous la peau, au lieu de cavités dégénérant en vilaines poches. D'abord réservée à l'ablation de lipomes (boules de graisse), la méthode du Dr Illouz s'étendra bientôt à toute la chirurgie esthétique, alors que des outils de menu calibre (les plus gros font 6 mm de diamètre) viendront encore l'améliorer.

Devenue l'intervention la plus pratiquée au monde, la liposuccion peut être faite de la tête aux pieds. Certes, elle demeure contre-indiquée en cas d'obésité diffuse à la Renoir. C'est en revanche la chirurgie parfaite pour les sujets à la peau ferme et élastique qui sont affligés d'amas graisseux localisés, par exemple une culotte de cheval ou un double menton dense.

DES PIEDS À LA TÊTE

Les meilleures indications : les poignées d'amour (hanches), la culotte de cheval ou trochanters (l'incision est faite dans le pli fessier), l'intérieur du genou, le menton et le ventre, sous le nombril.

Les bonnes indications : la face antérieure et postérieure des cuisses, l'abdomen au-dessus du nombril, la face postérieure des bras, les mollets et les chevilles.

Les contre-indications : l'obésité généralisée. La liposuccion fait perdre du volume à certaines régions du corps capitonnées de bourrelets d'origine génétique. Elle ne remplace pas le régime qui, seul, peut faire disparaître les couches graisseuses acquises par suralimentation. En outre, elle convient très rarement à l'intérieur des cuisses qu'elle peut vieillir de façon prématurée en provoquant des plissements et un affaissement des tissus.

Toute liposuccion exige que la silhouette soit passée en revue par le médecin. S'il estime que l'opération n'entraînera qu'un changement mperceptible ou si la peau n'est pas suffisamment tonique pour se rétracter sur les nouveaux volumes créés, le chirurgien peut refuser de procéder. Dans d'autres cas, il peut être nécessaire d'aspirer de la graisse en plusieurs endroits du corps pour préserver l'harmonie de la ligne. Par exemple, si l'on réduit seulement la culotte de cheval, les hanches prendront peut-être trop d'importance, exigeant à leur tour d'être sculptées.

Pour procéder à une liposuccion, le chirurgien incise d'abord la peau. Il fait passer par cette incision une petite canule et creuse plusieurs tunnels horizontaux et verticaux, par où il retire des cylindres de graisse de façon uniforme. Le gras peut être aspiré avec une seringue. Cette technique permet de bien mesurer la quantité extraite et d'employer de très fines canules, qui traumatisent moins les tissus et retirent moins de sang.

Pour que le résultat soit harmonieux, la graisse doit être extraite en sa partie profonde, avec des mouvements réguliers de va-et-vient, sous peine d'inélégantes aspérités. La dextérité et la minutie du chirurgien sont ici de première importance. Ce dernier doit sentir et évaluer avec précision — et à distance — la quantité de gras retiré.

Lors d'une liposuccion, le gras est aspiré par une seringue.

> « Durant deux semaines, je suis passée du bleu marine au violet, puis au jaune. Plus tard, mon esthéticienne m'a fait une dizaine de drainages lymphatiques. Six semaines après l'intervention, j'avais perdu une bonne taille de jupe et acheté des maillots deux pièces. Quand on me dit : “Qu'as-tu fait ? Tu n'as plus de ventre”, j'éprouve un réel plaisir. »
>
> *Martine, 43 ans, opérée pour une liposuccion abdominale*

Les réussites les plus spectaculaires de la liposuccion touchent la culotte de cheval, le cordon des hanches (poignées d'amour), la face intérieure du genou, le menton et le bas-ventre, sous le nombril.

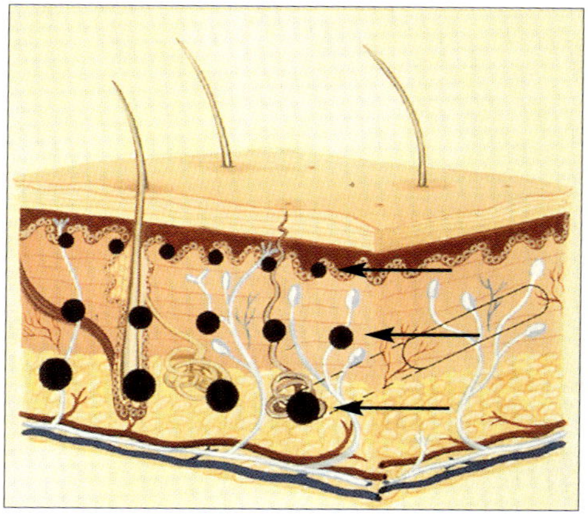

Liposuccion

Tunnels évidés de leur gras

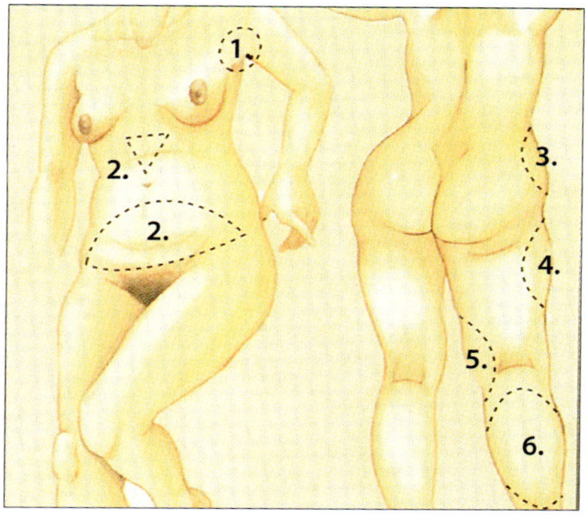

Liposuccion — Régions cibles

1. Aisselle
2. Abdomen
3. Hanche
4. Culotte de cheval
5. Intérieur des genoux
6. Mollet

Après l'intervention, la peau est marquée de bleus qui s'atténueront en deux ou trois semaines. Elle est forcément gonflée, car les tunnels, évidés de leur gras, se sont remplis d'eau et de sang. Enfin, le patient peut ressentir un certain inconfort, comme s'il venait de heurter un objet. La douleur diminuera toutefois rapidement. Le bandage élastique enserrant la zone traitée (mentonnière, gaine ou bas) aidera ensuite la peau à se mouler aux tissus sous-cutanés.

VERSION MENTON

La **liposuccion cervicale** permet de réduire le double menton sans laisser d'autre cicatrice qu'une mini-incision de cinq à six millimètres. Par cette ouverture, le plasticien insère une canule qui aspire la graisse superflue, entre la peau et les muscles. Avec un sujet aux chairs flasques, le chirurgien peut d'abord ponctionner une minuscule boule de graisse dans le but d'observer la rétraction cutanée. Si la peau montre suffisamment de tonus pour se rétracter, le plasticien tentera l'intervention un an plus tard. Chez les patients de plus de 40 ans, la liposuccion du menton complète habituellement un lifting facial.

Liposuccion cervicale

Femme de 20 ans

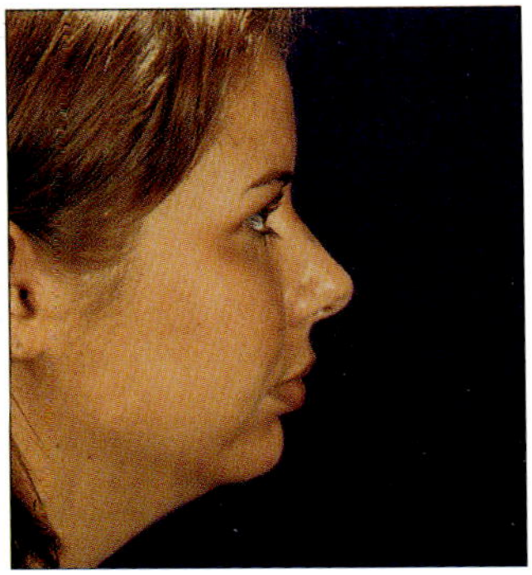

Pré-opératoire, 11 août 1994

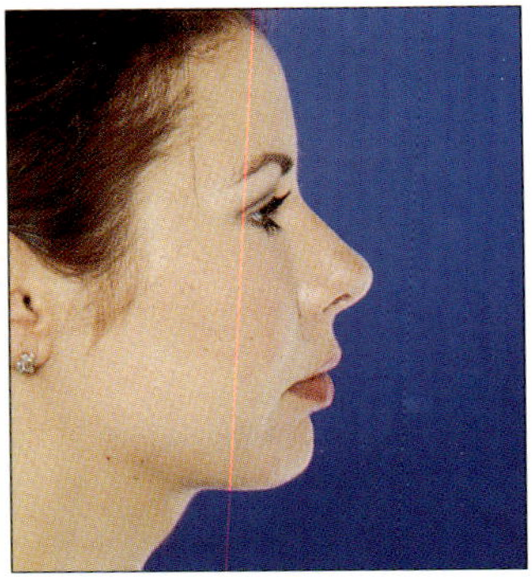

Postopératoire, 4 ans, 2 juin 1998

L'asymétrie (entre deux hanches, par exemple) consécutive à une liposuccion peut être corrigée par une retouche. En revanche, rien ne pourra aplanir une peau qui s'adapte mal aux nouveaux contours et qui prend un aspect de tôle ondulée. Mais de telles histoires sont aujourd'hui reléguées au passé. Plus raffinée et mieux maîtrisée, l'intervention, faite par des experts, donne désormais d'excellents résultats. Une liposuccion d'importance, alors qu'on retire plus de 2500 centimètres cubes de gras, reste néanmoins une intervention délicate. Le retrait d'une telle quantité de cellules adipeuses fait perdre beaucoup de liquides et de sels (sodium, potassium, fer) à l'organisme, bousculant son équilibre biochimique. Pour éviter la formation de caillots sanguins, on doit remplacer les éléments perdus par des solutés, dans les 24 heures suivant l'intervention. Il est aussi recommandé de boire plus qu'à l'habitude.

> « La culotte de cheval, on oublie vite comment elle était. Les photos prises avant sont très importantes, car on peut avoir la fausse impression que le chirurgien n'a pas enlevé assez de graisse. »
>
> *Christiane, 32 ans, opérée pour une liposuccion des trochanters*

Liposuccion du bourrelet du dos

Femme de 35 ans

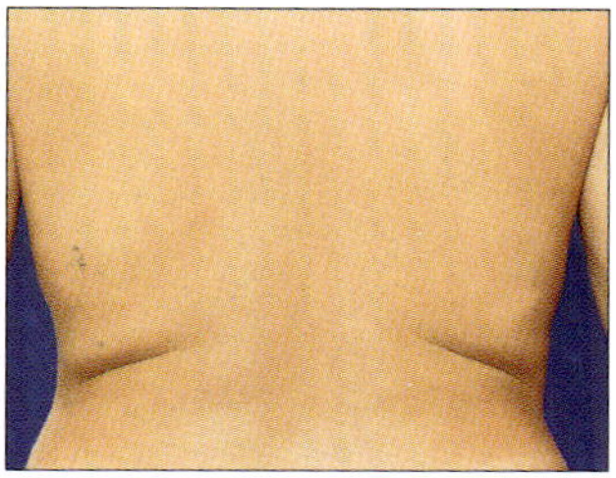

Pré-opératoire, 10 février 1997

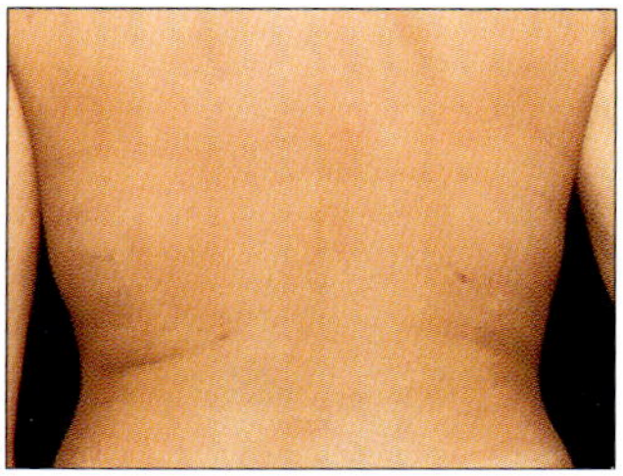

Postopératoire, 7 mois, 12 septembre 1997

Liposuccion du gras des genoux

Femme de 45 ans

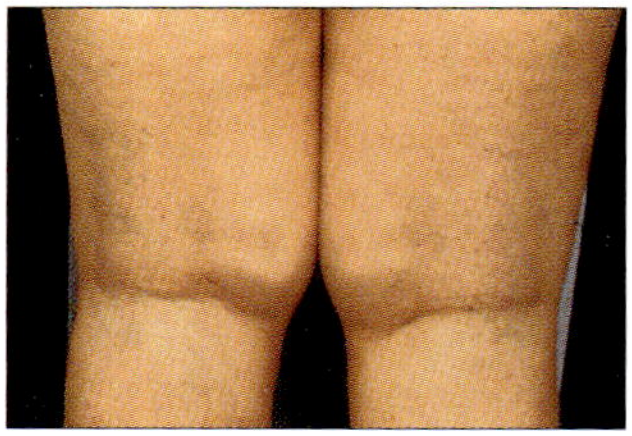

Pré-opératoire, 16 juin 1995

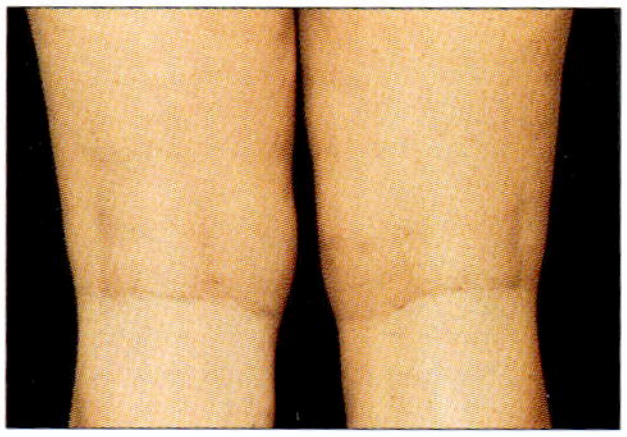

Postopératoire, 9 mois, 12 mars 1996

Liposuccion des trochanters (culotte de cheval)

Femme de 33 ans

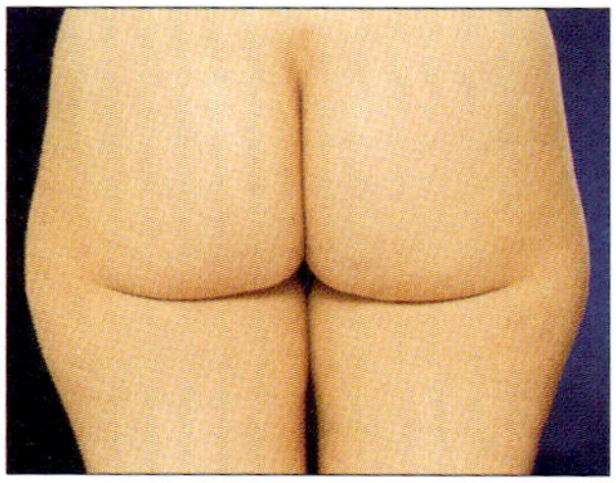

Pré-opératoire, 26 avril 1996

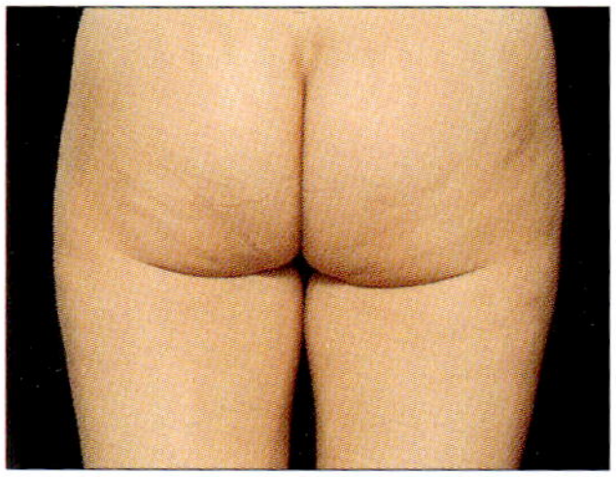

Postopératoire, 8 mois, 18 février 1997

Liposuccion des hanches et des trochanters (culotte de cheval)

Femme de 41 ans

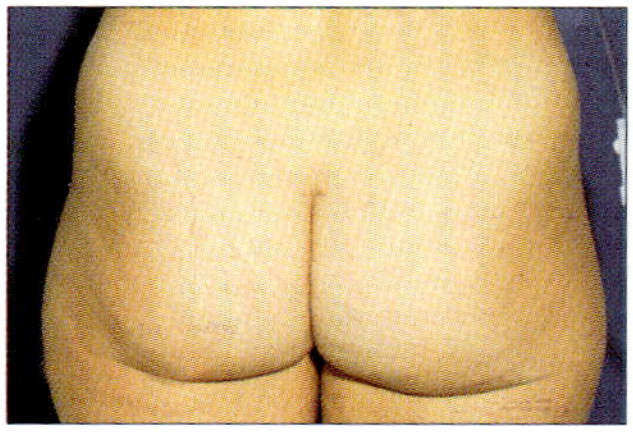

Pré-opératoire, 11 novembre 1988

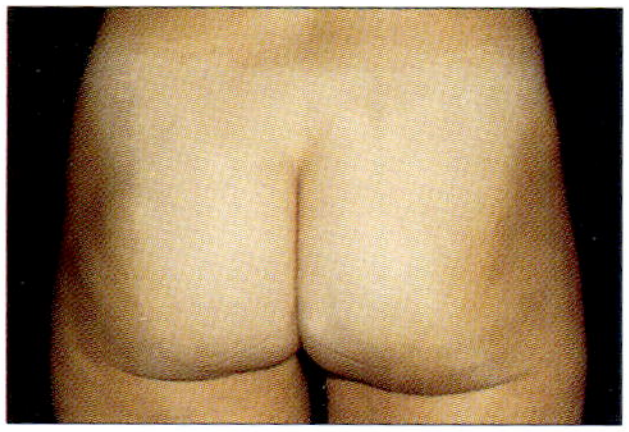

Postopératoire, 29 juin 1990

Liposuccion du ventre
Femme de 50 ans

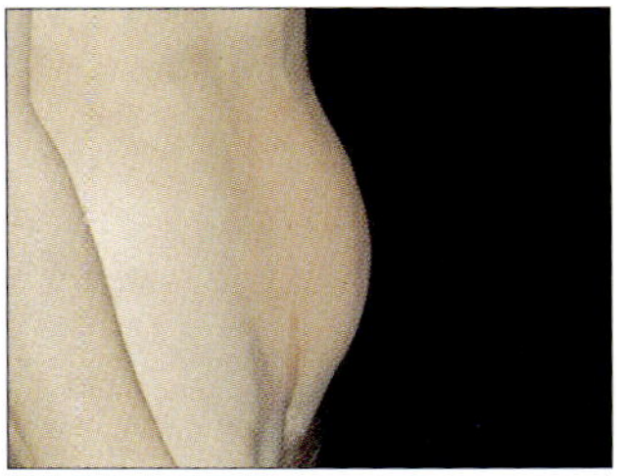
Pré-opératoire, 7 mai 1990

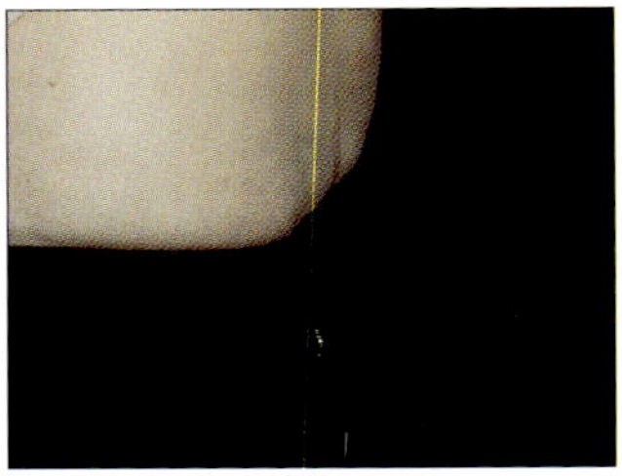
Postopératoire, 31 janvier 1992

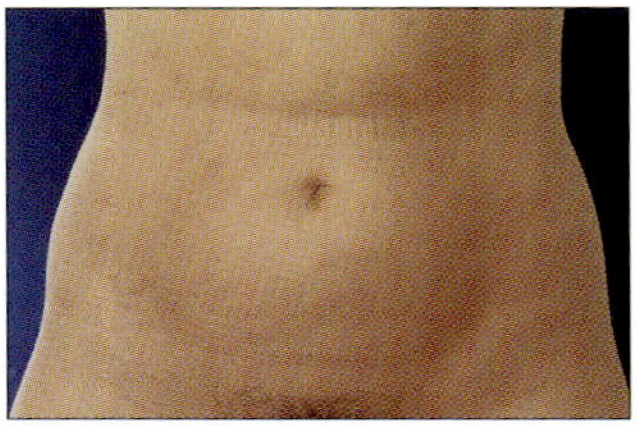
Pré-opératoire, 7 juillet 1995

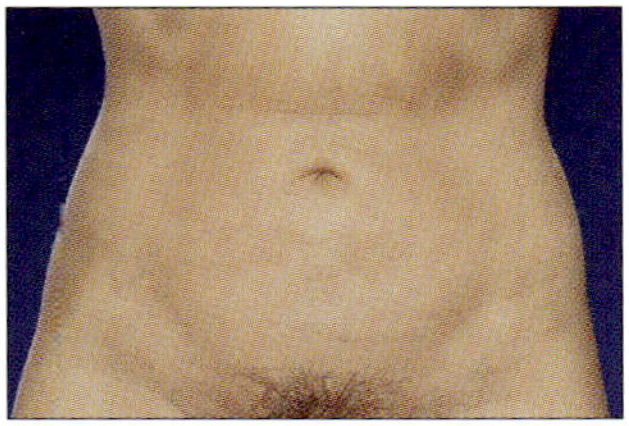
Postopératoire, 1 1/2 an, 17 décembre 1997

Liposuccion du ventre
Femme de 47 ans

Liposuccion du ventre
Femme de 39 ans

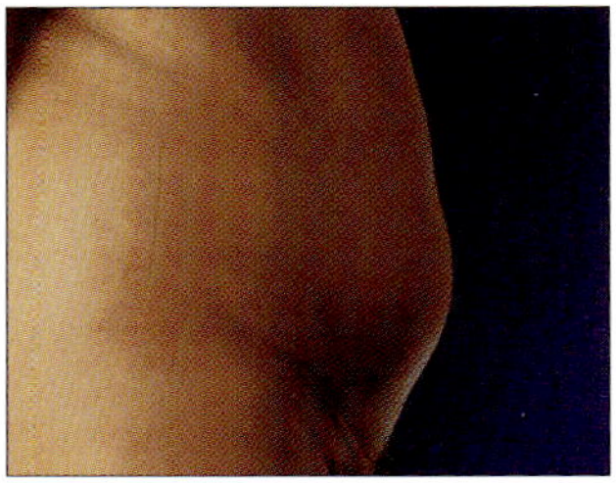
Pré-opératoire, 31 août 1995

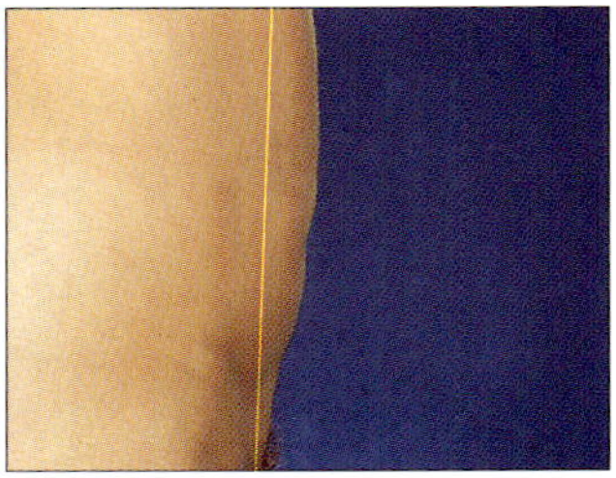
Postopératoire, 1 an, 7 octobre 1996

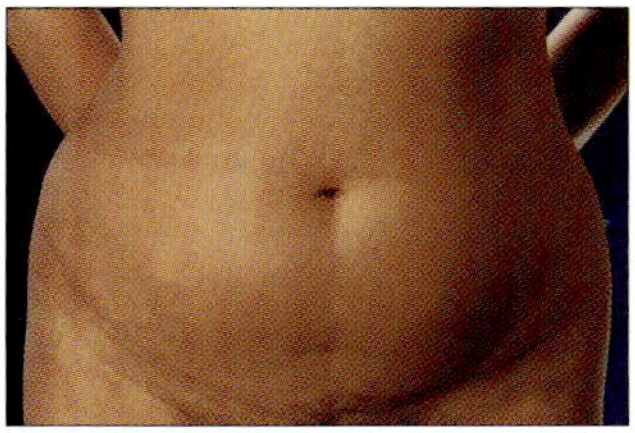
Pré-opératoire, 31 août 1995

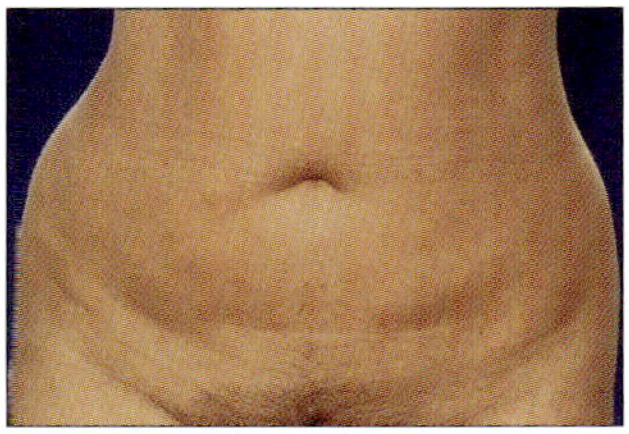
Postopératoire, 1 an, 7 octobre 1996

Après trois décennies, la liposuccion (qui consistait au départ en l'application au corps de la canule servant aux interruptions de grossesses) n'a pourtant pas fini de surprendre. Récemment, on a beaucoup fait état de la liposuccion par ultrasons. Inventée par le Dr Zocchi, cette technique provoque une liquéfaction des graisses, ce qui est censé les rendre plus faciles à aspirer. Mais pour l'instant, cette nouvelle méthode (on en parle depuis 1988), plus longue, reste controversée. Elle ne semble pas avoir amélioré la procédure classique. En outre, elle aurait déjà causé des brûlures à l'endroit où la canule est introduite.

LA FOIRE AUX QUESTIONS

Y a-t-il un âge idéal pour une liposuccion ?

Plus que l'âge, c'est l'état de la peau qui compte. À 40 ans, les chairs de certaines personnes sont plus fermes que celles d'autres personnes, de 30 ans seulement.

Peut-on maigrir par liposuccion ?

Non. Tout au plus une personne obèse perdra-t-elle 1 kg ou 1,5 kg, parfois jusqu'à 3 kg, si l'intervention est effectuée par un personnel très compétent. La liposuccion n'est donc pas un moyen de maigrir, c'est une façon d'affiner sa silhouette. L'intervention entraîne cependant un changement en ce qui a trait au métabolisme des graisses. En conséquence, une perte de poids sera plus facile par la suite.

Mais, j'ai entendu dire qu'on pouvait perdre cinq kilos par liposuccion ?

C'est possible, si vous tenez à tout prix à mettre votre vie en danger.

La liposuccion supprime-t-elle la cellulite ?

Non. Elle enlève la graisse mais ne modifie pas l'état de la peau. Si celle-ci était granuleuse avant, elle le restera. La culotte de cheval aura toutefois disparu.

Quel type d'anesthésie la liposuccion exige-t-elle ?

Tout dépend du type de liposuccion effectué et de la quantité de gras à retirer.

Les résultats sont-ils définitifs ?

Oui. Pas plus qu'un bras amputé ne repousse, les cellules graisseuses retirées ne peuvent réapparaître.

Mais si je reprends du poids, que se passera-t-il ?

Votre corps redeviendra plus lourd, vous gagnerez du poids tout en conservant votre nouvelle silhouette. Question d'optimiser les résultats obtenus, il est néanmoins conseillé de maintenir un poidssanté stable et d'intégrer l'exercice physique à son hygiène de vie.

Mon mari a des bourrelets à la taille et à l'abdomen. Peut-on les supprimer par liposuccion ?
Oui, c'est même une excellente indication. Il se peut toutefois qu'une partie du gras soit situé non pas sous la peau elle-même, mais dans les cavités du corps entourant les organes. Seule une diète pourra alors faire disparaître ce gras corporel.

La graisse masculine diffère-t-elle de la graisse féminine ?
Oui. Elle est plus dense et plus fibreuse. Certains praticiens utilisent d'ailleurs des outils distincts selon le sexe de la personne opérée.

La grossesse annule-t-elle les bienfaits d'une liposuccion ?
Non. Après l'accouchement, la silhouette retrouve les courbes que lui a données la liposuccion. Une grossesse peut cependant faire apparaître de la cellulite, contre laquelle une liposuccion ne pourra rien.

Plusieurs liposuccions simultanées sont-elles préférables à des liposuccions consécutives ?
Tout dépend. Parfois, il est possible de pratiquer des liposuccions simultanées, et dans d'autres cas, il est préférable de subir une liposuccion à la fois.

VOTRE FICHE PRATIQUE

Âge : dès la fin de l'adolescence.
Anesthésie : générale ou mitigée.
Durée de l'intervention : une à deux heures.
Séjour en clinique : chirurgie d'un jour.

AVANT

Deux semaines :

- pas de tabac, d'antigrippaux, d'anti-inflammatoires, d'aspirine et de dérivés, de vitamine E, d'ail, d'alcool et de vin rouge.

Quelques jours :

- pas d'expositions au soleil.

La veille :

- douche au Spectro-Jel ;
- jeûne complet dès minuit la veille, si une anesthésie générale est prévue.

Le matin :

- petit déjeuner léger (tisane, rôties et fromage), en cas d'anesthésie mitigée ;
- douche au Spectro-Jel ;
- vêtement confortable ;
- escorte pour le retour à la maison.

APRÈS

Pansement : enlevé 24 heures après.

Guérison :
- remise sur pied en 24 heures ;
- reprise des activités en une semaine ;
- résultats en cinq semaines pour le genou, trois mois pour les hanches, un an pour la culotte de cheval.

Suites normales :
- sensation de tiraillement ;
- bleus, durant 10 à 15 jours ;
- enflure s'estompant en trois mois, avec épisodes pouvant se répéter un an après l'intervention ;
- minicicatrices imperceptibles ;
- perte de sensibilité temporaire.

En cas de douleur : un ou deux comprimés de Tylenol extra-fort. PAS D'ASPIRINE PENDANT 15 JOURS.

Prévenir le chirurgien : en cas de fièvre ou de douleur aux mollets.

Complications possibles : infection ; hématome ; irrégularité du contour ; allergie aux médicaments ou aux désinfectants ; risque d'embolie pulmonaire, surtout en cas de liposuccion mal conduite.

À faire :
- repos, dans les 24 heures suivant l'intervention ;
- applications de glace sur le site, en mettant toujours un tissu entre la peau et le sac de glace. Au bout de 72 heures, applications de chaleur sèche (coussin électrique) durant 20 minutes, toutes les heures.
- contraction des mollets, en position allongée ou assise, pour améliorer la circulation sanguine ;
- port de bas de contention (*Vanity Fair Total, Support, Hanes, Alive*), d'une gaine (liposuccion au bas du corps) ou d'une mentonnière (liposuccion cervicale).

À éviter :
- tabac, aspirine et dérivés, vitamine E, ail, alcool et vin rouge, durant deux semaines ;
- exercices modérés, durant deux semaines, ou violents, durant un mois ;
- sel et épices, durant trois mois, pour ne pas favoriser la rétention d'eau.

Soins esthétiques :
- massages nécessaires, avec mouvements ascendants, deux semaines après l'intervention, avec brosse rigide, huile et crème ;
- drainage lymphatique léger ;
- gel d'arnica (pour accélérer la guérison des bleus) ;
- écran solaire contenant du dioxyde de titanium (*PreSun Sun Block FPS 21*) sur toutes les cicatrices, durant six mois.

Activités : marche recommandée, durant un mois, pour favoriser la circulation sanguine et la résorption d'eau et de sang dans les tissus.

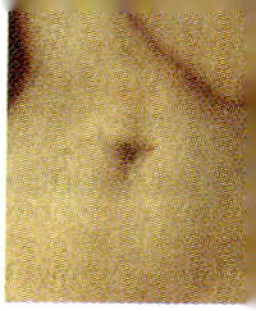

Les implants organiques : tout combler... ou presque

Si une chirurgie ou une liposuccion corrige les imperfections de façon durable, les implants offrent une alternative qu'on oserait qualifier de douce, si le mot n'avait tant été employé. Ainsi, loin d'être réservé aux mannequins ou aux stars, le collagène a déjà fait ses preuves dans plus de 28 pays. Au Canada seulement, le marché progresse de 15 à 20 % chaque année, et les ventes dépassent maintenant les deux millions de dollars.

LE COLLAGÈNE : L'ALLIÉ DU DERME

Extrait de la peau des bovins, le collagène est employé en médecine pour les points de suture et les valvules cardiaques depuis plus d'un siècle. Les Californiens eurent les premiers l'idée de l'utiliser à des fins esthétiques. Depuis 1982, plus d'un million de personnes ont eu recours à cette protéine naturelle pour effacer leurs rides ou se faire la lèvre pulpeuse.

Dépendant des zones traitées, trois types de collagènes plus ou moins concentrés sont employés en chirurgie esthétique. Les collagènes américains de type *Zyderm* (le *Zyderm 1* étant moins concentré que le *Zyderm 2*) sont indiqués pour les ridules frontales et péribuccales (autour des lèvres), pour les pattes d'oie, les peaux fines et les retouches.

En comparaison, le *Zyplast* présente des fibres croisées. Plus dense et plus stable, ce collagène réticulé convient davantage aux rides profondes, aux sillons d'expression du sourire, ou pour étoffer le pourtour de la bouche. Le *Zyplast* doit cependant être employé à bon escient. Il n'est pas destiné à être injecté au front, comme il le fut dans certains cas malheureux ayant entraîné des nécroses.

Bien qu'il existe aussi un collagène d'origine japonaise (*Koken*), les plasticiens américains travaillent surtout avec les collagènes *Zyderm* et *Zyplast*. Des questions de douane ont mis fin à l'emploi de collagène autologue. Élaboré à partir des cellules graisseuses du patient, ce produit était préparé aux États-Unis avant d'être réexpédié au Canada.

Le **Fibrel,** une protéine provenant de la peau du porc, était jadis injecté dans les rides. Vu les risques d'infections (le produit devait être mêlé à du plasma sanguin prélevé sur le patient), le fabricant a stoppé la production de ce dérivé de gélatine. D'autres implants ont aussi démontré leurs limites. Les injections d'**A.D.N.** n'ont d'autre effet que de gonfler temporairement la ride, tout comme les injections de **vitamines** ou de **cellules fraîches.**

L'injection de collagène hétérologue, d'origine bovine, requiert deux simples précautions préalables : la recherche de certaines maladies auto-immunes et la détection d'une sensibilité anormale. En effet, près de 3 % des personnes se révèlent allergiques à cette substance de souche animale. Pour prévenir cette éventualité, le médecin procède à un simple test d'allergie, en injectant une goutte de collagène dans l'avant-bras du sujet.

Si une réaction allergique se manifeste dans les 30 jours suivant le test, la possibilité d'un traitement au collagène est éliminée. On peut alors recourir à des implants d'acide hyaluronique, à moins qu'on ne préfère attendre les nouveaux collagènes extraits de placenta humain, de lait de bœufs transgéniques ou de levures, des substances auxquelles les chercheurs travaillent actuellement.

On peut utiliser le collagène à tout âge, mais les épidermes encore frais y réagissent mieux. L'injection est faite au niveau du derme à l'aide d'une aiguille aussi fine que deux ou trois cheveux humains. L'intervention dure entre 10 et 15 minutes, et les résultats sont immédiats.

En dépit de ses mérites, le collagène n'est pas une panacée. Il ne peut remodeler un visage affaissé, remplacer un lifting, effacer les ridules sous les yeux et les taches pigmentaires, ou encore redonner de l'éclat à la peau. En outre, ses effets durent, tout au plus, de 3 à 12 mois. La durée d'action dépend de plusieurs facteurs, tels que l'âge, l'exposition au soleil, le tabagisme et le type de peau (celles aux pores dilatés retiennent moins bien l'implant).

Les résultats varient en fonction du savoir-faire du praticien (une injection mal faite peut provoquer un bourrelet blanc temporaire) ou des zones traitées. La disparition des pattes d'oie est souvent spectaculaire. Pour les rides autour de la bouche, où règnent les lois de la pesanteur et du mouvement, il faut prévoir des changements plus modestes.

LE COLLAGÈNE : OUI, MAIS OÙ ?

C'est au Canada, mais aussi en France, en Allemagne et en Italie, que l'on enregistrait en 1994 la plus forte augmentation d'injections de collagène. Utilisé seul ou en touche de finition dans le cadre d'autres traitements (laser, *face-lift*, etc.), le collagène peut combler les :

- rides d'inquiétude (sillons frontaux) ;
- rides du froncement des sourcils ;
- pattes d'oie dues à l'âge, au soleil et au plissement des yeux ;
- rides des fumeurs, au-dessus de la lèvre supérieure ;
- rides du sourire, du nez à la bouche ;
- rides de marionnette, aux commissures des lèvres ; en corrigeant les lèvres tombantes, le collagène rectifie le sourire tristounet des bouches vieillissantes ;
- cicatrices faciales ou d'acné. Le collagène uniformise le relief de la peau.

LA FOIRE AUX QUESTIONS

Quelle est la différence entre une crème et une injection de collagène ?
La crème au collagène hydrate et adoucit l'épiderme, en surface. L'injection agit dans le derme, sous la surface de la peau, où elle stimule et remplace temporairement le collagène naturel affaibli dès l'âge de 25 ans.

Que doit-on faire avant de recevoir un implant de collagène ?
Il faut se démaquiller le visage et le nettoyer soigneusement avec de l'eau et du savon. Si la peau est grasse, un masque et une lotion astringents, appliqués quelques jours auparavant, aideront à resserrer les pores dilatés.

Les injections sont-elles douloureuses ?
Très peu. De la glace ou la crème anesthésiante *Emla* sont souvent appliquées avant l'injection. De plus, la solution de collagène contient elle-même un anesthésiant (de la lidocaïne).

Existe-t-il des contre-indications aux injections de collagène ?
Oui. Hormis l'allergie, les femmes enceintes et les personnes qui présentent des antécédents de maladies auto-immunes (polyarthrite rhumatoïde, lupus, colite ulcéreuse, etc.) s'avèrent toutes de mauvaises candidates.

Que faut-il éviter après une injection ?
Au cours des trois jours suivants, il faut proscrire le soleil, le sauna et les excès d'alcool, bref, tout ce qui fait rougir la peau.

Puisqu'il est d'origine bovine, le collagène peut-il transmettre la maladie de la vache folle ?
Non. Le produit provient d'un cheptel élevé « en circuit fermé » sur des fermes spéciales où l'alimentation de chaque tête de bétail, ses contacts avec d'autres animaux, son ascendance, sa provenance et son âge sont rigoureusement contrôlés.

Combien coûte un traitement au collagène ?
Tout dépend de la zone traitée et de la quantité de collagène utilisée. Il faut prévoir une dose d'essai et des retouches subséquentes. Après plusieurs traitements, un phénomène cumulatif permet toutefois d'atténuer les rides plus longtemps et, par conséquent, d'espacer les injections.

LA GRAISSE : LES RIDES REMBLAYÉES

Mise au point en France en 1986 et très populaire aux États-Unis, la réinjection de graisse présente, en théorie, un grand avantage. Comme l'implant provient du patient lui-même, il ne peut déclencher d'allergie. Mais, en pratique, plusieurs praticiens objectent que les manœuvres requises pour la réinjection détruisent les fragiles cellules graisseuses, ce qui expliquerait ses effets transitoires.

Pour effectuer une lipo-greffe, le plasticien prélève à l'aide d'une fine canule 10 centimètres cubes de cellules graisseuses dans une zone située à la partie supérieure des fesses, aux cuisses ou à l'abdomen. Ces cellules sont réinjectées dans les rides profondes et anesthésiées du visage, dans le but de les combler. Une réinjection trop massive se révèle inutile, le sang ne pouvant nourrir un excès de nouveaux tissus.

Le premier traitement est le plus décevant. En fait, seules les injections faites à intervalles rapprochés — trois traitements en six mois — finissent par maintenir une certaine rétention de gras dans les tissus. L'âge du patient influe aussi sur la tenue des résultats mais, *grosso modo,* les corrections ne durent jamais plus de quelques mois (la moitié du volume injecté a été absorbé par les tissus au bout d'un an).

La réinjection de graisse est sans danger. Elle peut être associée à des injections de collagène ou de Botox (pour la partie supérieure du visage), à une liposuccion, à un relissage au laser ou à un lifting du cou. Les infections sont rares. Le coût reste cependant élevé, compte tenu des résultats éphémères et discutables.

LA FOIRE AUX QUESTIONS

La lipo-greffe exige-t-elle des précautions ?
Avant le traitement, le visage doit être démaquillé et vierge de toute crème grasse. Le lendemain, il faut nettoyer la région traitée avec un savon doux non parfumé de type Spectro-Jel.

La procédure est-elle douloureuse ?
Modérément. La zone de prélèvement est anesthésiée, mais après l'intervention, qui dure moins d'une heure, le site du prélèvement reste sensible durant quelques jours et présente des bleus ou de l'enflure.

Quelles sont les meilleures indications pour le visage ?
La réinjection est la technique qui donnerait les meilleurs résultats sur des plis profonds comme le pli naso-labial (entre le nez et la lèvre), la ride de la glabelle (entre les sourcils), les rides autour de la bouche et les cicatrices. Elle ne serait pas efficace sur les rides fines.

Des complications sont-elles possibles ?
Des irrégularités de contour peuvent survenir, mais elles disparaîtront avec la résorption inévitable du gras.

L'ACIDE HYALURONIQUE : LA NOUVEAUTÉ DE L'HEURE

L'acide hyaluronique est souvent employé pour ses vertus humectantes dans la fabrication des cosmétiques. Désormais, cet hydratant surpuissant est offert sous deux formes injectables : il est extrait de la crête de coq ou élaboré grâce au génie génétique. Dans les deux cas, l'acide hyaluronique ne présente aucun risque d'allergie, rendant inutiles les tests préalables. Pour cette raison, il convient aux occasions spéciales : mariages, sorties, etc.

L'acide hyaluronique suédois, un produit du génie génétique (*Restylane*) sert à étoffer les lèvres. L'acide hyaluronique américain, qui provient de la crête du coq (*Hylaform*), est moins dense. Ce gel cristallin est davantage recommandé pour effacer les cicatrices d'acné ou corriger les sillons naso-labiaux, éliminer les pattes d'oie, les rides du front et les rides autour de la bouche.

L'acide hyaluronique est implanté un peu comme le collagène, avec une aiguille fine. L'implant doit être introduit plus ou moins profondément dans le derme afin de ne pas laisser de trace bleuâtre superficielle.

De prime abord, ce gel viscoélastique paraît exempt d'effets secondaires. Sa durabilité semble comparable à celle du collagène, et il a l'avantage d'offrir une alternative aux sujets allergiques à ce dernier. On manque de recul pour évaluer correctement cet implant, mais il semblerait qu'il aide la peau à conserver sa souplesse.

LA BOTOX : DES INJECTIONS POUR LE FRONT

Depuis 1980, la toxine botulique sert à traiter les contractions du visage, les spasmes des paupières et les torticolis spasmodiques. Utile à plusieurs disciplines médicales (ophtalmologie, neurologie, gastro-entérologie, etc.), la *Botox* ou le *Dysport* (noms de commerce de la toxine botulique) fait aussi partie de l'arsenal antirides. Pourtant, il ne s'agit pas d'un implant, comme le collagène, mais d'une toxine produite par une bactérie. Injectée dans les muscles, cette substance organique les empêche de se crisper. Du coup, elle efface les plis résultant de leurs contractions.

Jusqu'à présent, la toxine botulique a fait ses preuves sur le sillon de la glabelle, entre les sourcils, car elle paralyse avec précision le petit muscle responsable de ce pli. Elle peut aussi agir sur les faisceaux musculaires à l'origine des rides frontales. Certains praticiens américains et européens l'emploient même sur la patte d'oie mais, à ce sujet, les avis divergent. Pour plusieurs, des injections près du contour immédiat de l'œil sont à proscrire, car elles pourraient nuire à la capacité de cligner de l'œil.

Les injections de *Botox* commencent à faire effet après 72 heures. Les résultats, transitoires, nécessiteront des retouches au bout de 3 à 10 mois. L'année suivante, un ou deux rappels intramusculaires seront nécessaires. Les injections peuvent légèrement modifier l'expression du haut du visage, puisqu'elles le figent. Cela dit, le traitement est facile et sans danger, à moins que des doses massives de toxine n'envahissent les muscles avoisinants.

Bien entendu, la toxine botulique ne remplace pas un lift frontal chirurgical, puisqu'elle n'agit pas sur l'affaissement de la peau.

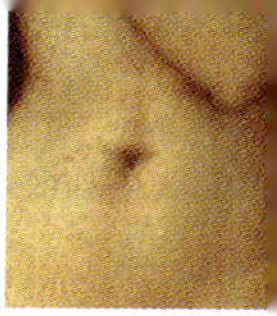

Les implants synthétiques et le remaillage : attention, turbulences

Les techniques antirides décrites dans ce chapitre sont peu ou pas du tout offertes au Canada. Mais le monde n'étant plus qu'un village global, il peut être utile de connaître l'existence de méthodes plus controversées, lesquelles font appel aux implants synthétiques ou au remaillage.

LA SILICONE : DES RÉSULTATS IMPRÉVUS

La **silicone** médicale dont il est ici question est une substance synthétique issue du silicium et utilisée pour regonfler la peau depuis les années cinquante. Ce produit fluide est injecté en microgouttelettes de la taille de têtes d'épingles, sous le derme, tout au long des rides profondes, des cicatrices souples ou des lèvres trop fines.

D'une remarquable stabilité, la silicone donne des résultats définitifs, écartant toute correction. Si l'implant s'infecte ou se déplace (chose possible lorsqu'il a été injecté trop profondément), il sera difficile de rectifier la situation. La silicone sous forme injectable est interdite aux États-Unis depuis 1994. En France, le matériau, n'ayant pas obtenu d'autorisation, ne peut plus être injecté depuis janvier 1997. En un mot comme en cent, la propriété de la silicone d'atténuer les rides profondes est largement contrebalancée par la dureté étrange des tissus ou par des résultats imprévisibles.

L'ARTÉPLAST : DE LA DENTISTERIE AUX RIDES

Mis au point par un médecin allemand en 1989, l'**Artéplast** (ou *Artécoll*) est fait de microbilles d'un plexiglas médical (le polyméthylmétacrylate) en suspension dans un collagène allemand. Le métacrylate est utilisé depuis 20 ans comme ciment en chirurgie osseuse et en dentisterie. L'Artéplast est un implant quasi permanent qui s'injecte en une ou deux fois après avoir effectué des tests d'allergie préalables. En cas de complications, l'Artéplast a l'« avantage » de s'agglutiner en petits amas que l'on peut cureter plus facilement. En raison des réactions allergiques sévères, l'Artéplast a déjà été interdit en France, mais il aurait de nouveau obtenu l'agrément des autorités européennes, à titre de produit de remplissage.

LE REMAILLAGE ANTIRIDES : COUSU DE FIL BLANC

Le remaillage des rides pourrait être comparé à celui d'un bas de nylon : dans les deux cas, on comble un creux avec un matériau de remplacement. En chirurgie esthétique, la ride peut être remplie avec un fil inerte plus ou moins résorbable. Très résorbables et tout aussi temporaires, le Dixon et le Vycril durent chacun entre une et cinq semaines. Quant au **fil de catgut** (un matériau issu d'un collagène extrait de l'intestin grêle du mouton), il provoque une réaction inflammatoire de la peau. Certes, la fibrose cicatricielle qui s'ensuit comble le sillon, mais avec un risque évident d'infection ou d'induration.

Dans les traitements esthétiques, le Goretex a déjà été employé sous forme de fils ou de plaques (*patches*) destinés à combler ou à soutenir la ride. Le remaillage avec des fils de Goretex pose les mêmes problèmes que celui qui fait appel au catgut ou à l'or. Les fils tendent à se rétracter; à l'inverse, ils peuvent ressortir de la peau, un phénomène connu sous le nom d'extrusion. Les fils peuvent aussi être vecteurs d'infection, et leur extraction reste délicate en cas de complication.

Le **lifting par acupuncture** est souvent présenté comme un lifting sans chirurgie. Cette appellation laisse croire qu'un excès de peau flasque peut être supprimé sans qu'il soit nécessaire de l'exciser. Or, non seulement le lifting par acupuncture n'est-il utilisé par aucun plasticien, mais cette technique n'est pas davantage enseignée aux acupuncteurs.

Vedette des fils non résorbables, le **fil d'or** fut quant à lui utilisé dès les années vingt. À l'heure actuelle, il est attaché à un fil de catgut, d'où un risque de rupture, puis glissé dans le derme profond, où il formera une résille. Personne n'a encore démontré ses soi-disant propriétés antirides. Les choses sont moins nébuleuses en ce qui concerne le **Goretex.** Connu en chirurgie cardio-vasculaire depuis longtemps, ce matériau a l'avantage d'être poreux (ce qui facilite son intégration à l'organisme) et inerte (donc non allergène).

LE SOFTFORM : LE REMAILLAGE REVU ET AMÉLIORÉ

Les problèmes soulevés par le remaillage de la peau appartiendront peut-être bientôt au passé grâce au **SoftForm.** En bonne justice, le SoftForm ne mérite pas de figurer sur la même liste que le catgut. Il serait plus exact de le comparer à un implant permanent de collagène synthétique. Mais si le SoftForm a droit à pareil traitement, c'est parce qu'il constitue une technique de remaillage. La procédure a toutefois été grandement améliorée. Version moderne du Goretex, le SoftForm est constitué d'un corps chimique, le PTFE-e (ou polytétrafluoroéthylène expansé).

La canule qui renferme le tube de SoftForm est glissée sous l'épiderme anesthésié. Puis elle est retirée, ne laissant en place qu'une souple pipette qui peut combler les sillons naso-géniens, les rides aux commissures des lèvres ou les lèvres minces. L'intervention produit une légère enflure et des bleus qui se résorbent rapidement sous la glace. De prime abord, le SoftForm ne semble pas poser les problèmes (infection, induration, extrusion) associés aux fils de Goretex. En cas de complication, les tubes sont faciles à retirer. Il reste toutefois beaucoup à apprendre sur ce nouvel implant facial déjà populaire aux États-Unis.

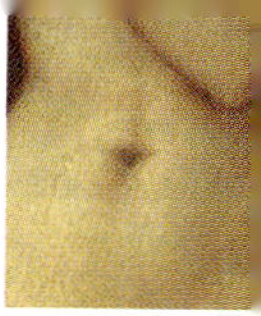

La micropigmentation : la couleur à la rescousse

Si on peut corriger les formes des chairs, on peut aussi rectifier leur couleur grâce à la micropigmentation. Cette technique, un temps employée par quelques plasticiens, est désormais le fait d'esthéticiennes spécialisées. En dépit de son glissement dans le champ de l'esthétique, la micropigmentation peut s'avérer un excellent complément à certaines plasties.

Ce minisoin répare en effet plusieurs disgrâces accidentelles ou congénitales. Il peut, au choix, refaire l'aréole naturelle d'un sein, repigmenter des zones capillaires dénudées à la suite d'un lift frontal, camoufler des cicatrices blanches, rouges ou brunâtres, ou atténuer une différence de coloration consécutive à une dermabrasion.

La micropigmentation fait appel à deux types de pigments. Les pigments organiques, d'origine végétale et peu coûteux, sont extraits de la sève de certaines plantes. Pour leur part, les pigments d'origine minérale sont mêlés à de l'alcool isopropylique ou à de la glycérine. Parce qu'ils sont inorganiques, ils sont stables et non allergènes. Mais ils ne sont guère plus permanents que leurs analogues végétaux. Quelle que soit leur nature, tous les pigments injectés pâlissent graduellement, surtout s'ils sont exposés au soleil.

Dans bien des cas, le laser peut remplacer la micropigmentation, de façon plus durable. Il arrive toutefois que les deux traitements soient concomitants ou consécutifs. Ainsi, on peut pâlir une couleur avant de la gommer au laser. Comparée au laser, la micropigmentation reste bien entendu un soin mineur. La peau est simplement perforée, comme elle le serait lors d'une séance d'électrolyse. Puis, les pigments sont déposés sous la couche basale du derme afin d'assurer une certaine durabilité à la teinte. L'inconfort et l'œdème alors ressentis sont maîtrisés sous un peu de glace appliquée pendant 5 à 10 minutes.

La micropigmentation doit être exécutée dans de bonnes conditions d'asepsie, avec des aiguilles stériles, afin d'éviter la contamination virale ou microbienne. Par mesure de précaution, une pommade antibiotique est parfois appliquée après le traitement. Cela dit, la rigueur, le sens artistique et la dextérité de l'esthéticienne restent de première importance.

LA FOIRE AUX QUESTIONS

Y a-t-il des précautions à prendre avant une micropigmentation ?
Oui. La veille et le matin, il faut soigneusement enlever tout résidu de maquillage et de démaquillant. Il est préférable de ne pas porter de verres de contact, car les pigments utilisés peuvent les tacher de façon irrémédiable.

Les pigments peuvent-ils provoquer des allergies ?
En théorie, les pigments végétaux, notamment ceux de couleur verte, seraient plus allergisants. En pratique, le nombre de cas d'allergie frôlerait le zéro absolu.

Des complications sont-elles possibles ?
Si le soin a été prodigué dans de mauvaises conditions d'aseptie, il y a un risque d'infection cutanée ou de contamination avec le virus de l'hépatite B ou du sida. S'il y a eu traitement aux paupières et qu'une irritation aux yeux apparaît, il vaut mieux consulter un médecin.

Y a-t-il des choses à proscrire après une micropigmentation ?
Même s'il ne s'agit pas d'une chirurgie esthétique, on évitera les médicaments anticoagulants (de type aspirine), l'alcool, les liquides chauds, les épices et tout ce qui fait rougir la peau. Mais le pire ennemi demeure le soleil. Pour ne pas altérer la couleur, un écran solaire reste la meilleure parade. Mieux vaut également éviter les sports nautiques tout de suite après le soin.

Peut-on se maquiller après une micropigmentation ?
Oui… si celle-ci a été faite aux aréoles des seins ! Si le traitement touche le visage, il est préférable d'attendre une semaine avant d'utiliser des cosmétiques. Après un soin exécuté dans la zone des paupières, les verres de contact devraient aussi être remisés durant quelques jours.

La micropigmentation donne-t-elle des résultats permanents ?
Non. Une ligne de pigments met environ deux mois à s'assouplir. Par la suite, la couleur tient environ sept ans, tout en pâlissant progressivement.

SATINER LA PEAU

DU LASER AU PEELING

LA DERMABRASION : poncer en beauté

LE LASER : un rayon d'espoir

LE PEELING CHIMIQUE : oui, mais à quel degré ?

LA TRÉTINOÏNE : un traitement vitaminé

La dermabrasion : poncer en beauté

Pour redonner un coup de jeune à la peau, on peut aussi la poncer, de façon mécanique ou chimique. Le but est le même dans les deux cas : en favorisant l'auto-réparation des cellules endommagées, en améliorant la production et la qualité du collagène au cœur même du derme, on atténue les rides en surface.

Si le laser et les exfoliations chimiques prennent de plus en plus la vedette, le ponçage de la peau a d'abord fait appel à des procédés mécaniques. La **dermabrasion** consiste à sabler la peau à l'aide d'une brosse métallique. Cet outil abrase la surface cutanée jusqu'à ce que le derme soit dénudé. En cicatrisant, celui-ci fabrique une nouvelle peau exempte de rides profondes, de cicatrices ou de taches pigmentaires.

Les rides à gommer sont ensuite marquées au crayon, la pénétration de l'encre donnant un indice du degré de dermabrasion permis. Le plasticien peut ensuite pulvériser sur la peau un produit réfrigérant destiné à la durcir.

La dermabrasion comme telle est menée sous anesthésie générale, avec des mouvements en arc qui suivent le sens des fibres cutanées. L'intervention est délicate : comme la brosse tourne à grande vitesse et que la peau est fragile, la dextérité du plasticien s'avère capitale. À mesure qu'elle progresse, la dermabrasion requiert d'ailleurs de plus en plus de minutie. Le visage étant irrigué par de nombreux vaisseaux sanguins, le plasticien doit travailler malgré un écran sanguinolent qui vient inonder la face.

LA MICRODERMABRASION

Effectuée à l'aide d'un appareil appelé le *Skin Renewer,* la microdermabrasion consitue une nouvelle forme de dermabrasion très fine, développée par un chercheur italien. À l'aide d'une sonde reliée à un appareil, des microcristaux d'hydroxyde d'aluminium sont projetés sur la peau anesthésiée. Selon certains, ces microcristaux atténuent de façon délicate et uniforme les ridules autour de la bouche ou les traces de cicatrices. Le procédé, qui n'excède pas une heure, abraserait plus profondément les couches superficielles de la peau qu'un peeling aux acides de fruits (A.A H.). Après la disparition des croûtes et des rougeurs (l'affaire de deux à trois semaines), les résultats obtenus perdureraient quatre ou cinq ans.

D'autres médecins avouent cependant ne pas être convaincus des résultats de la microdermabrasion, un procédé pouvant être comparé au ponçage au jet de sable (*sand blasting*) des édifices. Chose certaine, l'intervention, étalée sur plusieurs séances, est contre-indiquée en cas de couperose.

Après que la peau a été abrasée, elle sera couverte d'un baume antibiotique puis d'un pansement. Comme pour toute chair éraflée, les rougeurs s'atténueront ensuite lentement jusqu'à la guérison totale. Entre-temps — soit pendant deux à trois mois —, seul un maquillage de camouflage saura les dissimuler. De moins en moins pratiquée au profit d'autres techniques moins risquées, la dermabrasion exige un doigté et un savoir-faire impeccables. Il n'en demeure pas moins que cette technique peut gommer les rides profondes — en autant que la chose en vaille la peine et que le plasticien soit habile.

La **dermabrasion à l'aiguille,** différente de la dermabrasion classique, peut être comparée à un tatouage sans pigment. Travaillant avec le même équipement que celui des tatoueurs professionnels, le plasticien utilise l'aiguille pour fragmenter le collagène anormal d'une cicatrice. Cela permet la reconstruction d'un collagène cutané plus adéquat ainsi qu'une repigmentation de la peau. Pour ces raisons, la dermabrasion à l'aiguille est surtout utile pour atténuer les cicatrices consécutives à un *face-lift* ou, plus rarement, à une chirurgie mammaire.

LA FOIRE AUX QUESTIONS

La dermabrasion convient-elle à tous ?
Non. Elle est déconseillée aux personnes au teint basané ou olivâtre. La dermabrasion pourrait blanchir ou foncer leur peau de façon irréversible.

Doit-on toujours poncer le visage entier ?
Non. On peut simplement poncer le pourtour de la bouche, le front ou les joues. L'intervention doit alors être pratiquée suivant un dégradé subtil pour qu'il n'y ait pas de démarcation entre les zones traitées et le reste du visage.

Certains sujets sont-ils prédisposés aux troubles de pigmentation ?
Oui. Les gens qui sont sujets à l'hyperpigmentation après une blessure ou une piqûre d'insecte sont plus susceptibles de connaître ce genre de problèmes.

La dermabrasion efface-t-elle les tatouages ?
Non. Toutefois, les lasers à colorants le font, avec des résultats de plus en plus esthétiques.

VOTRE FICHE PRATIQUE

Âge : dès l'adolescence.
Anesthésie : générale, mitigée ou locale.
Durée de l'intervention : une heure.
Séjour en clinique : chirurgie d'un jour.

AVANT

Deux semaines :

- pas de tabac, d'antigrippaux, d'anti-inflammatoires, d'aspirine et de dérivés, de vitamine E, d'ail, d'alcool et de vin rouge.

Quelques jours :

- pas d'expositions au soleil.

La veille :

- douche au Spectro-Jel ;
- jeûne complet dès minuit la veille, si une anesthésie générale est prévue.

Le matin :

- petit déjeuner très léger (tisane, rôties et fromage, par exemple), en cas d'anesthésie mitigée ;
- douche au Spectro-Jel ;
- vêtement confortable n'exigeant pas d'être enfilé par la tête ;
- escorte pour le retour à la maison.

APRÈS

Premier pansement : changé après 24 heures.
Second pansement : changé au deuxième jour, suivi d'un nettoyage de la peau au Spectro-Jel.
Guérison :

- remise sur pied immédiate ;

- reprise des activités après 15 jours;
- guérison totale en six mois.

Suites normales:

- inconfort, gonflement;
- léger suintement;
- croûtes, durant quelques jours;
- rougeurs vives, durant une semaine, s'estompant peu à peu;
- pâlissement cutané chez les personnes au teint foncé.

En cas de douleur: un ou deux comprimés de Tylenol extra-fort. PAS D'ASPIRINE PENDANT 15 JOURS.

Prévenir le chirurgien: en cas d'infection ou de fièvre.

Complications possibles: infection; herpès; trouble de pigmentation; cicatrice; allergie aux médicaments ou aux désinfectants.

À faire:

- repos sur le dos, sans tourner la tête, le buste surélevé par deux bons oreillers, le temps que l'enflure diminue (quelques jours);
- port d'un chapeau et d'un écran solaire.

À éviter:

- café et thé, le matin de l'opération;
- crème grasse et maquillage, le matin de l'opération;
- grattage des croûtes;
- soleil, froid, chaleur et vent, tant que la peau n'a pas retrouvé sa couleur normale;
- produits exfoliants et abrasifs;
- tabac, aspirine et dérivés, vitamine E, ail, alcool et vin rouge, durant deux semaines;
- efforts et exercices violents, durant deux semaines;
- liquides chauds, sel et épices, durant trois mois.

Soins esthétiques:

- nettoyage de la peau au Spectro-Jel, après le retrait des pansements;
- crème hydratante *(Neutrogena FPS 15)*;
- Fond de teint correctif avec crème verte, après une semaine;
- rasage permis après 15 jours;
- écran solaire contenant du dioxyde de titanium (*PreSun Sun Block FPS 21*), durant un mois; écran solaire sur toutes les cicatrices, durant six mois;
- gommage chez l'esthéticienne, après un mois.

Activités: marche, durant un mois.

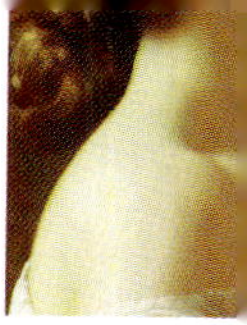

Le laser : un rayon d'espoir

Et si l'on pouvait dire adieu aux rides en criant laser ? Depuis peu, c'est ce que permet le relissage (ou *resurfacing*) au laser. Le mot « laser » est l'acronyme de *Light Amplification by the Stimulated Emission of Radiation*. En d'autres termes, au lieu d'émettre un spectre lumineux dispersé dans l'espace, le laser produit un rayon d'une seule fréquence d'ondes, isolée, concentrée et dirigée en un point précis.

Depuis presque 40 ans, différents lasers (argon, rubis, cuivre, etc.) ont été utilisés en dermatologie pour gommer taches cutanées, lésions précancéreuses et tatouages. Pour employer le laser à des fins antirides sans brûler la peau, il fallait toutefois parvenir à séparer la lumière de la chaleur ou, du moins, réduire cette dernière, la disperser très vite — ce qu'on parvint à faire en 1967.

Pour lisser la peau, le plasticien peut employer un laser carburant au dioxyde de carbone (laser CO_2) ou un laser erbium YAG. En vaporisant les tissus flétris, ces deux lasers (parfois réunis dans un même appareil) amincissent la peau avoisinante des sillons. Du coup, ces derniers semblent moins profonds. Chaque laser présente toutefois des caractéristiques distinctes.

Le laser au dioxyde de carbone est un bistouri lumineux qui a déjà fait les preuves de sa rapidité d'exécution. Son énergie lumineuse est absorbée par l'eau des cellules vivantes. La transformation presque instantanée des fluides en vapeurs présente un double avantage : elle entraîne la destruction thermique des tissus, sans provoquer de saignement (puisque le sang est composé d'eau). En conséquence, le laser réduit les risques d'infection et permet une meilleure cicatrisation. En scellant les vaisseaux lymphatiques, il prévient aussi l'enflure. En outre, l'absence de givrage sur la peau permet un travail précis, chose difficile avec certains peelings.

Performant, le laser CO_2 atteint la couche papillaire du derme dès son premier passage, causant des lésions thermiques d'environ 80 microns d'épaisseur. C'est dire qu'il peut gommer les rides, fines ou modérées, les taches de vieillesse, les rides du contour des yeux et de la lèvre supérieure, ou encore rafraîchir les peaux abîmées par le soleil. En revanche, le laser CO_2 ne peut être employé ailleurs que sur le visage. Il provoque aussi de vives rougeurs qui prennent plusieurs semaines à s'estomper.

Le laser erbium YAG détruit lui aussi la peau flétrie sans trop de nécrose de coagulation puisque son énergie est absorbée à 70 % par la peau. L'atout du YAG réside toutefois dans sa légèreté. Deux ou trois « passages » de YAG équivalent à un seul passage de laser CO_2. Bien que plus lent, le YAG offre donc une excellente alternative pour traiter les rides plus fines.

Agissant comme un laser froid, le YAG cause aussi des lésions thermiques plus minimes, d'environ 30 microns d'épaisseur. Résultat : moins de rougeurs et une guérison plus rapide. Contrairement au laser CO_2, le YAG peut donc être employé sur le cou et les mains, ainsi que sur les peaux claires ou basanées de type méditerranéen.

Vu de l'extérieur, le traitement au laser paraît d'une simplicité enfantine. Avec ou sans anesthésie (une crème anesthésiante est parfois l'unique soin anesthésiant), le patient se soumet au stylo laser. Une série de « passages » suffisent alors à poncer la peau. Le traitement exige néanmoins du savoir-faire : le plasticien peut endommager la surface cutanée s'il l'abrase trop profondément.

Souvent employé pour lisser le contour des lèvres ou les pattes d'oie, le laser peut traiter les joues, les rides d'expression entre les yeux, voire tout le visage et le cou. Les résultats varient selon l'âge, la profondeur des plis, la texture et la couleur de la peau — celles très fines ou foncées réagissant moins bien. Le traitement peut aussi être associé à d'autres interventions. À titre d'exemple, un relissage au laser peut être suivi d'implants de collagène, un mois après.

Le laser ne peut cependant remonter des tissus affaissés, comme le ferait un *face-lift*. En outre, tous ne sont pas bons candidats à un relissage. Il faut bien cicatriser, ne pas avoir déjà subi de traitements à l'Accutane (sinon le relissage devra être retardé de deux ans) et, détail important, avoir cessé de fumer. Une médication visant à préparer la peau est également requise dans certains cas.

On aurait donc tort d'investir le laser de propriétés magiques. Certes, il peut atténuer les rides et relancer la production de collagène et d'élastine. Comparé à la dermabrasion, il paraît plus précis et moins brutal. Mais comme il blesse la peau, il peut être suivi d'enflure, de suintement ou d'un léger inconfort. Compresses humides et crèmes émollientes (vaseline, baume aux antibiotiques) seront quelquefois nécessaires. Comme tout geste médical, le relissage au laser comporte donc une part de risques, dont la décoloration cutanée reste l'exemple le plus flagrant.

VOTRE FICHE PRATIQUE

Âge : dès l'âge de 30 ans.
Anesthésie : locale ou crème anesthésiante *Emla*.
Durée de l'intervention : 20 à 30 minutes.
Séjour en clinique : chirurgie d'un jour.

AVANT

Deux semaines :
- pas de tabac, d'antigrippaux, d'anti-inflammatoires, d'aspirine et de dérivés, de vitamine E, d'ail et d'alcool.

Quelques jours :
- pas d'expositions au soleil.
- antiviraux contre l'herpès (*Zovirax*) ;
- antibiotiques.

Le matin :
- douche au Spectro-Jel ;
- petit déjeuner léger (tisane, rôties et fromage, par exemple) ;
- vêtement confortable n'exigeant pas d'être enfilé par la tête si le traitement se situe au niveau du visage ou du cou.

APRÈS

Guérison :
- remise sur pied immédiate ;
- rougeurs s'estompant graduellement.

Suites normales :
- douleur et picotements ;
- suintement, durant un ou deux jours ;
- enflure, durant deux à quatre jours ;
- inconfort, durant un à quatre jours ;
- rougeurs, durant un à quatre mois (laser CO_2) ou deux à trois semaines (laser YAG).

Prévenir le chirurgien : en cas d'infection.
Complications possibles : trouble de pigmentation ; trouble de cicatrisation ; infection de type herpès ; rougeur persistante ; allergie aux médicaments.

À faire :
- compresses humides ;
- antibiotiques en onguent plusieurs fois par jour.

En cas de douleur : un ou deux comprimés de Tylenol extra-fort. PAS D'ASPIRINE PENDANT 15 JOURS.

À éviter :
- café et thé, le matin de l'opération ;
- maquillage, le matin de l'opération ;
- tabac, aspirine et dérivés, vitamine E, ail, alcool et vin rouge, durant deux semaines ;
- natation, durant trois semaines ;
- liquides chauds, sel et épices, durant trois mois ;
- exposition au soleil, durant trois mois.

Soins esthétiques :
- Fond de teint correctif avec crème verte, 5 à 10 jours après le traitement pour protéger les rougeurs.

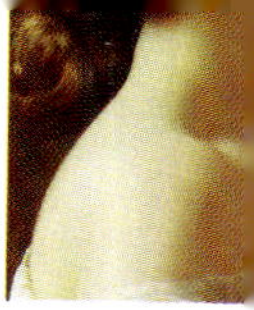

Le peeling chimique : oui, mais à quel degré ?

Si on peut gommer les rides en ponçant la peau, on peut également les enlever en pelant celle-ci à l'aide de substances chimiques. Le pouvoir de rajeunissement du peeling (du verbe anglais *to peel*) dépend d'ailleurs de son pouvoir d'exfoliation. Mais dans tous les cas, le bénéfice est dû au phénomène de guérison, alors que se produisent une modification des structures de la peau et un renouvellement de l'épiderme.

Comme pour le *face-lift,* il existe plusieurs types de peelings. On peut causer une blessure contrôlée, à l'aide d'exfoliations profondes ou moyennes, qui atteignent le derme. On peut aussi renouveler la peau, sans la détruire, en pratiquant des exfoliations plus superficielles. Le plasticien (ou, dans certains cas, le dermatologue) doit donc connaître à fond tant la condition de la peau à traiter que les agents chimiques à sa disposition (des ingrédients différents peuvent donner des résultats identiques, dépendant de leur concentration).

DU PAPYRUS AU PEELING

Il y a 3500 ans, les papyrus égyptiens d'Ebers relataient l'application de produits irritants sur la peau dans le but de la régénérer. Il fallut pourtant attendre 1880 pour que la résorcine soit utilisée à des fins exfoliantes par le dermatologue Paul Unna. En 1903, c'était au tour du phénol de gommer les cicatrices d'acné ou les cicatrices de brûlures faciales causées par la poudre à fusil. Cette technique, mise au point par un médecin français, le Dr La Gasse, allait être importée à Los Angeles dans les années trente. Mais ce n'est qu'en 1942 que la littérature médicale s'attarda pour la première fois au phénol et à la résorcine. Par la suite, il fallut patienter jusqu'aux années soixante pour que l'acide trichloracétique soit mis au point par Ayres et que les formules au phénol soient raffinées. Enfin, en 1989, les propriétés exfoliantes de l'acide glycolique allaient être expliquées par le Dr Eugene Van Scott. Cela provoqua une véritable frénésie, d'ailleurs toujours palpable, autour des acides de fruits.

Jadis populaire aux États-Unis, le **peeling au phénol** est un traitement choc, désormais très peu employé, qui décape en profondeur. Dégraissée à l'acétone, la peau est couverte d'acide phénique. En faisant coaguler ses protéines et ses sels, celui-ci la couvre d'un givre blanchâtre tandis qu'il efface ses rides profondes en attaquant la couche basale de l'épiderme.

L'application du puissant phénol n'est pas dénuée de risques. Trente minutes après le traitement, 70 % du phénol a été absorbé dans la circulation sanguine. Or, cet acide puissant peut se révéler nocif pour le foie, qui l'inactive, et pour les reins, où il est excrété à 80 %. C'est toutefois la toxicité du phénol pour le cœur qui est la plus troublante en raison des risques sérieux qu'elle entraîne. Les suites d'un peeling au phénol sont également cuisantes. La peau est envahie de croûtes qui mettent quelques jours à tomber. En bref, ça suinte et ça chauffe, au point où le visage sera peu présentable durant une douzaine de jours.

Dans certains cas, le peeling au phénol laisse des taches marbrées ou provoque un blanchiment de la peau — raison pour laquelle il est surtout indiqué pour les sujets au teint clair. Il altère aussi les cellules qui fabriquent la mélanine. Privée de son bouclier pigmentaire, la peau ne devra pas être exposée au soleil pendant trois à six mois (jusqu'à quatre ans, selon certains spécialistes). Par la suite, elle devra être protégée à perpétuité par un écran solaire.

Le peeling au phénol peut donner des résultats spectaculaire sur des sujets motivés et ayant une carnation pâle, ce qui permet d'atténuer la démarcation entre peau traitée et peau non traitée. Mais la manœuvre reste délicate. C'est pourquoi elle est de plus en plus remplacée par des soins moins lourds qui présentent moins d'inconvénients.

Comparé au phénol, le **peeling à l'acide trichloracétique** (ATCA) présente deux grands avantages. D'abord, il n'est pas toxique pour le cœur. Plus « léger », il peut également être préparé en concentrations variables selon qu'une exfoliation moyenne ou superficielle est recherchée. On peut réserver des concentrations plus puissantes d'ATCA à des zones précises (le front, par exemple) ou traiter plus en douceur les peaux prématurément vieillies par le soleil (si l'exfoliation est superficielle, la peau sera rafraîchie plutôt que rajeunie).

Grosso modo, une concentration d'ATCA à 35 % éclaircit le teint, gomme les défauts de texture et atténue les rides peu profondes et les taches brunes. Un peeling à 30 % peut cependant atteindre le même niveau qu'un peeling à 50 % si la peau a été débarrassée au préalable de sa couche cornée et de son sébum. Quelle que soit la concentration choisie, l'acide est appliqué à l'aide d'une compresse ou d'un gros coton-tige. En quelques minutes, son imprégnation provoque un effet de givrage (*freezing*) de la peau, doublé d'une sensation d'échauffement.

Par la suite, des croûtes se formeront sur fond d'enflure et de rougeurs passagères. Dans de rares cas, le peeling à l'ATCA peut entraîner la formation de taches dyschromiques ou de cicatrices. Mais, en règle générale, tout revient progressivement à la normale, en autant qu'on ne tente pas d'arracher les croûtes et qu'on évite d'exposer la fragile peau exfoliée au soleil.

Si de faibles concentrations d'ATCA peuvent aujourd'hui être employées pour obtenir un peeling superficiel, en cette matière, la **résorcine** (ou pâte de Unna) a longtemps été le seul ingrédient utilisé à cette fin. Du temps de Pasteur, ce dérivé du phénol servait d'antiseptique, jusqu'à ce qu'un dermatologue allemand, le Dr Paul Gerson Unna, s'aperçoive en 1880 qu'il enlevait une couche de l'épiderme.

Parce qu'elle épargne l'architecture de l'épiderme, la résorcine ne cause jamais de brûlure. En revanche, elle peut provoquer une allergie, ce qui nécessite un test préalable. Si ce dernier est négatif, un masque de résorcine peut alors être appliqué sur tout le visage pendant 15 à 30 minutes, à 2 ou 3 reprises. Au terme de ces séances, une membrane résorcinée prenant l'apparence d'une couche d'épiderme brunâtre et grisâtre se formera peu à peu.

LE *SOFT PEEL* DU DR OBAGI

Dans les années quatre-vingt, un peeling chic allait faire courir les milieux branchés de la Californie. Conçu par le Dr Zein Obagi, un médecin de San Diego, qui y tenait trois cliniques huppées, le *new peel* était censé pouvoir être pratiqué sur des peaux brunes sans provoquer de troubles de pigmentation. La formule n'avait pourtant rien de révolutionnaire. Pendant quelques semaines, la peau était préparée avec des produits ayant pour effet de provoquer sa desquamation et de la rendre plus perméable. Un peeling composé d'ATCA et de vitamine A acide était alors pratiqué. L'innovation du Dr Obagi résidait apparemment dans une formule secrète intégrant un mystérieux stabilisateur, le *mikudi factor*, sensé neutraliser l'ATCA. Or, le peeling du Dr Obagi présentait une puissance d'action moyenne, à mi-chemin entre la résorcine et le phénol. Bref, une action d'une douceur relative…

Cette pellicule résorcinée qui enserre le visage tombe d'elle-même au bout d'une semaine. À l'exception d'une sensation de vertige, ressentie lors du peeling, ou de quelques pigmentations transitoires, les complications sont très rares. En revanche, les bienfaits (temporaires) tiennent en quelques mots : teint éclatant, ridules gommées et circulation sanguine locale améliorée.

Plusieurs exfoliations répétées, faites l'une à la suite de l'autre, peuvent même « renforcer » la peau. En ce sens, les effets de la résorcine ont quelque chose en commun avec ceux de la vitamine A acide (voir page 147). Mais alors que la première constitue un traitement de choc (peu de patients peuvent se permettre des cycles répétés d'encroûtement), la seconde reste un traitement de fond nettement plus pratique.

Si la résorcine a toujours été populaire en Europe, où on semble s'accommoder de ses inconvénients, l'Amérique semble préférer, et de loin, le **peeling à l'acide glycolique.** Cet acide fait partie de la grande famille des acides alpha-hydroxylés (A.A.H.), des substances qui sont extraites de divers aliments : canne à sucre, lait sur (source des bains de lait de Cléopâtre), pomme, agrumes et raisin (d'où les masques au vin de la reine Marie Stuart). Au sommet de ce palmarès, l'acide glycolique est l'ingrédient vedette d'un nouveau peeling, le plus léger qu'on ait jamais inventé. Ce peeling dissout la colle qui attache les cellules entre elles. Ce faisant, il assouplit la peau et lui permet de mieux faire ce qu'elle accomplit déjà, c'est-à-dire se débarrasser des cellules mortes superficielles.

Moins épaisse, la couche cornée devient alors plus élastique, elle retient davantage l'humidité et résiste mieux aux irritants. Certes, le peeling à l'acide glycolique n'efface pas les rides d'expression ou les plis profonds. Sans avoir la puissance des peelings traditionnels, il offre un compromis intéressant aux femmes d'âge moyen ayant trop fréquenté les rayons UV. En effet, il efface les taches dues au soleil, réduit les pores dilatés et les ridules, redonne de l'éclat au teint terne et en satine la texture. Il peut également préparer la peau à un relissage au laser.

Avant un peeling à l'acide glycolique, le patient subit d'abord un *pré-peel* avec des acides de fruits ou de la vitamine A acide. En uniformisant la peau, ce soin permettra à l'acide glycolique de pénétrer l'épiderme de manière égale. Au rythme de quatre à six peelings consécutifs — effectués à chaque quinzaine — on exfolie ensuite la peau de façon progressive, plutôt qu'en une seule fois.

Lors de chaque peeling, le concentré d'acide glycolique est appliqué à l'aide de compresses ou d'un pinceau, en évitant le pourtour des yeux. Au bout de une à sept minutes, le soluté est neutralisé sous l'eau ou sous une solution de bicarbonate de sodium. Le praticien travaille en augmentant la concentration du produit ou le temps de contact — par exemple, il prolongera le troisième peeling d'une ou deux minutes. Chaque traitement dure de 15 à 30 minutes, incluant la prise de photos, ce qui lui a valu l'appellation de *lunch hour peel*.

Exécuté avec soin, le peeling à l'acide glycolique comporte si peu d'effets secondaires qu'il peut être répété à volonté. Tout au plus provoque-t-il des picotements et une rougeur passagère, semblable à un coup de soleil. Dans le cas de peaux sensibles, l'utilisation d'une solution très puissante peut entraîner la formation de plaques rouges, le temps d'un week-end. L'exfoliation est cependant superficielle, avec les limites que cela suppose. On prolongera ses bienfaits avec une crème à la vitamine A acide et un écran solaire.

LA FOIRE AUX QUESTIONS

Qu'est-ce qui distingue une crème à l'acide glycolique en vente libre d'un peeling à l'acide glycolique fait en cabinet médical ?

Les crèmes de type *Nova* d'Avon, *Reversa* ou *NéoStrata*, renferment une proportion d'acide glycolique variant de 1 à 10 %. Les peelings médicaux font appel à des concentrations d'acide qui varient de 20 à 70 %.

Des peelings superficiels répétés équivalent-ils à un peeling moyen ?

Non. Les exfoliations superficielles rafraîchissent la peau, mais ne suppriment pas les rides ou les cicatrices marquées. Ce ne sont donc pas des substituts aux exfoliations moyennes ou profondes obtenues, par exemple, avec l'ATCA. Elles ne remplacent pas davantage le lifting qui, seul, peut relever des chairs tombantes.

Y a-t-il des contre-indications aux exfoliations moyennes et profondes ?

Oui. Un peeling à l'ATCA est déconseillé aux personnes à la peau foncée ou cicatrisant mal. La prise d'isotrétinoïne constitue une autre contre-indication. Enfin, si l'on prévoit continuer à s'exposer au soleil, il est illogique de courir le risque d'un peeling, puisqu'on en perdra vite les bénéfices.

VOTRE FICHE PRATIQUE

Âge : à partir de 35 ou 40 ans.
Anesthésie : générale ou sans anesthésie.
Durée de l'intervention : de 15 minutes à 4 heures.
Séjour en clinique : chirurgie d'un jour.

AVANT (peeling à l'ATCA)

Deux à quatre mois :
- application de Rétin A;
- pas d'exposition au soleil.

Un mois :
- crème à l'hydroquinone appliquée au coucher pour prévenir les taches pigmentaires.

Deux semaines :
- lavage quotidien du visage au Spectro-Jel;
- crème hydratante (*Neutrogena FPS 15*).

La veille :
- douche au Spectro-Jel;
- antiviraux contre l'herpès, au besoin.

Le matin :
- petit déjeuner léger (tisane, rôties et fromage, par exemple);
- douche au Spectro-Jel;
- vêtement confortable n'exigeant pas d'être enfilé par la tête;
- escorte pour le retour à la maison.

APRÈS

Guérison :
- remise sur pied immédiate;
- guérison progressive, en quelques semaines.

Suites normales :
- suintement, durant 24 à 36 heures;
- croûtes, durant une semaine;
- rougeurs s'estompant graduellement.

En cas de douleur : un ou deux comprimés de Tylenol extra-fort.

Prévenir le chirurgien : en cas d'infection.

Complications possibles : infection; brûlure; rougeur persistante; herpès; taches pigmentaires; allergie aux médicaments.

À faire :
- lavage quotidien du visage au Spectro-Jel;
- crème *Néo H.C. 2 %* (hydrocortisone), matin, midi et soir;
- pommade antibiotique *Fucidin* sur les croûtes et les sécrétions.

À éviter :
- crème grasse et maquillage, le matin du peeling;
- lavage du visage dans les 24 heures suivant le peeling;
- grattage des croûtes;
- maquillage de la peau desquamante;
- vitamine A acide ou *Ultraquin,* dans les deux semaines suivantes;
- expositions au soleil, durant six mois.

Soins esthétiques :
- Fond de teint correctif avec crème verte, 10 à 15 jours après le peeling;
- rasage, après 15 jours;
- écran solaire contenant du dioxyde de titanium (*PreSun Sun Block FPS 21*), durant six mois.

Activités : marche, durant un mois.

La trétinoïne : un traitement vitaminé

La vitamine A acide (ou acide rétinoïque) fait partie, elle aussi, de la nouvelle panoplie de produits antirides. Dans les années vingt, les premières recherches avaient pourtant donné des résultats décevants. Pour guérir les lésions de la peau, la vitamine A exigeait des mégadoses toxiques. Mais à force de manipuler cette molécule, les chercheurs parvinrent, en 1946, à mettre au point son dérivé acide : l'acide rétinoïque (ou trétinoïne), cent fois plus actif que la vitamine A, sans pour autant être toxique.

À cause de l'action régulatrice qu'elle exerce sur la peau, on a d'abord employé la vitamine A acide dans le traitement de l'acné juvénile. Certains patients s'étant aperçus que leur peau paraissait plus saine et plus jeune, les chercheurs entreprirent de faire le point sur les propriétés régénératrices du produit. Des études cliniques, des photographies et des études de moulages assistées par ordinateur confirmèrent les propriétés rajeunissantes de la trétinoïne. Une étude publiée dans le *Journal of the American Medical Association,* en janvier 1988, alerta le grand public. Encensé par les médias, le médicament des adolescents complexés devint, dès lors, le fantasme des *baby-boomers* en quête d'une fontaine de Jouvence.

Bien que cette dernière assertion soit quelque peu exagérée, elle n'est pas totalement fausse. La trétinoïne atténue le vieillissement cutané dû au soleil (photovieillissement) de plusieurs façons. En dilatant les vaisseaux sanguins, elle donne au teint une apparence plus rosée et plus éclatante. Au niveau du derme, elle stimule la production de collagène. Cette expansion dermique permet l'effacement des rides, surtout les pattes d'oie, et un meilleur soutien des formes du visage. En effet, les rides se forment lorsque les fibres de collagène, situées dans le derme, se contractent et que l'épiderme se plisse à son tour pour s'ajuster au derme rétréci.

Sous l'action de la trétinoïne, la couche externe de la peau s'épaissit également, ce qui en améliore la texture. La mélanine est mieux distribuée, d'où un teint plus uni, exempt de taches pigmentaires. Les bienfaits de la trétinoïne ne sont cependant pas immédiats : il faut patienter six mois pour voir la peau prendre un coup de jeune.

Au début du traitement, le médicament peut provoquer quelques symptômes bénins : sécheresse de la peau, sensation de brûlure, de picotements, rougeurs et desquamations. Ces effets secondaires disparaissent d'eux-mêmes. Pour y remédier, le médecin peut aussi prescrire un traitement gradué, avec un produit à faible pourcentage (0,01 %), appliqué peu souvent, auquel succéderont des produits plus concentrés (0,1 %) et plus régulièrement étalés. Certains tolèrent mieux la trétinoïne en crème qu'en gel. Cette dernière formule semble davantage convenir aux peaux huileuses dont les pores sont dilatés. Quoi qu'il en soit, la tolérance au médicament s'installe habituellement au bout de trois mois.

Étant donné que la trétinoïne accroît la sensibilité de la peau au soleil, elle rend l'écran solaire indispensable. Elle doit aussi être employée de façon rigoureuse, comme tout médicament délivré sur ordonnance. Le produit doit être appliqué au coucher, après que le visage a été lavé avec un savon doux de type Spectro-Jel, et bien séché (il est préférable d'attendre une quinzaine de minutes avant d'étaler la préparation). Tout le visage doit être couvert en terminant par le contour des yeux et de la bouche. La trétinoïne n'est pas recommandée au niveau du cou, où la peau est mince et sensible. En revanche, les mains y réagissent bien.

Le matin, le visage sera de nouveau lavé puis protégé au moyen d'une crème hydratante avec écran solaire (comme *Neutrogena FPS 15*). Bien entendu, il est hors de question de concilier bronzage et vitamine A acide. Celle-ci fait également mauvais ménage avec les crèmes renfermant du collagène, de l'élastine ou des extraits placentaires, ainsi qu'avec les produits abrasifs tels que les exfoliants, les astringents et les préparations alcoolisées ou mentholées.

Après un an de soins fidèles, deux ou trois applications hebdomadaires de trétinoïne devraient suffire à en entretenir les bienfaits. Toutefois, celle-ci ne remplacera jamais un lifting, car elle n'a aucun effet sur l'affaissement de la peau. Elle n'interrompt pas davantage le processus normal de vieillissement. Plus simplement, elle permet aux peaux prématurément vieillies et ridées par le soleil de remettre les pendules à l'heure.

LA FOIRE AUX QUESTIONS

Quelle est la différence entre une crème aux rétinoïdes et l'acide rétinoïque ?

Parler de rétinoïdes, de rétinol ou de rétinyl palmitate, c'est parler de vitamine A. Point à la ligne. Cet ingrédient cosmétique adoucit et assouplit la peau, mais il n'a aucun pouvoir antirides. Il ne doit donc jamais être confondu avec la vitamine A acide. Celle-ci n'est d'ailleurs pas un cosmétique: c'est un médicament délivré sur prescription médicale.

Mais pourquoi la vitamine A acide a-t-elle des propriétés antirides, alors que la vitamine A n'en a pas ?

La vitamine A est liposoluble, c'est-à-dire qu'elle se dissout seulement dans un corps gras. Si on imagine la peau tel un tamis qu'essaient de traverser de grosses molécules huileuses, le pari est loin d'être gagné. En revanche, sous une forme déjà « acidifiée » (*Rétin-A*, *Stieva-A*, *VitA Acid*), la vitamine est absorbée de façon remarquable par la peau.

Qu'entend-on par « traitement gradué » ?

Votre médecin peut vous demander de commencer un traitement à la trétinoïne en appliquant le produit une heure par jour pendant deux jours, deux heures par jour pendant deux jours, trois heures par jour pendant trois jours, quatre heures par jour pendant quatre jours, et ainsi de suite.

Si j'augmente la durée du traitement et que je remarque des rougeurs, que faire ?

Simplement réduire le nombre d'applications à une seule, tous les deux jours. Il sera possible de reprendre le traitement quotidien une fois que la peau tolérera bien le médicament.

Le traitement est-il coûteux ?

Un tube de 30 g de *Rétin-A* dure environ un mois et ne coûte que quelques dollars (environ 23 $).

Qu'arrivera-t-il si j'interromps le traitement ?

La trétinoïne arrête la pendule du temps. Lorsqu'on cesse d'en appliquer, cette dernière recommence à marquer le temps… tout simplement !

Une femme enceinte doit-elle cesser les applications de trétinoïne durant sa grossesse ?

Non. Des millions de femmes enceintes ont déjà employé la trétinoïne, sans conséquences fâcheuses.

ANNEXES

POUR TERMINER EN BEAUTÉ

LES HOMMES OU LA REVANCHE DE SAMSON

PETIT MÉMENTO :

Tout ce que vous auriez toujours dû faire pour vivre sans vieillir

Tout compte fait

C'est couvert par la *RAMQ*

En cas de catastrophe

Références utiles

Les hommes… ou la revanche de Samson

C'est un secret de Polichinelle, la plupart des plasticiens sont des hommes, tandis que leur clientèle est constituée de femmes dans une proportion de 85 %. Si, de toute évidence, seules des femmes peuvent souhaiter une poitrine opulente ou une culotte de cheval moins fringuante, si leur conjoint accepte souvent ses rides ou son ventre replet, il en va autrement pour la calvitie, cet indésirable héritage génétique et hormonal.

L'alopécie masculine touche plus de 50 % des mâles. Pendant longtemps, aucune solution ne leur était offerte, à l'exception des perruques, postiches et toupets de tout acabit. Les choses commencèrent à changer vers 1959. À cette époque, le Dr Norman Orentreich mit au point les premières **autogreffes** capil-

UNE CHIRURGIE AU FÉMININ ?

Bien que les hommes soient de plus en plus nombreux à faire appel à la chirurgie esthétique, la majeure partie de la clientèle reste composée de femmes. Nonobstant les tabous sociaux, plusieurs facteurs physiologiques expliquent cet état de fait. La grossesse et l'accouchement altèrent souvent la ligne des seins et du ventre. Les variations de poids, plus fréquentes chez les femmes, peuvent avoir des conséquences indésirables. La brusque déperdition hormonale de la ménopause entraîne des modifications cutanées. Au désir de plaire s'ajoutent enfin les exigences du marché du travail. Bien que l'apparence physique féminine ne soit pas monnayée sur le marché de l'emploi comme l'est la force musculaire masculine, plusieurs femmes devinent qu'une apparence soignée fait partie de leurs qualifications de travail.

De plus en plus, ce dernier critère s'applique également aux hommes. En plus de l'éclatement du couple, le spectre du chômage a modifié la situation. En conséquence, l'homme est de plus en plus intéressé à se départir de ses poignées d'amour, de son double menton, de ses poches sous les yeux, de ses cicatrices d'acné ou de son nez de Cyrano. Bref, il s'aperçoit que des solutions esthétiques peuvent atténuer certaines imperfections, parfois plus criantes qu'une simple calvitie.

laires. Utilisant les cheveux restants, sur les côtés de la tête, le dermatologue les prélevait et les greffait sur la région du front et de la tonsure.

Cette technique demeura la grande référence pendant plus de 15 ans, jusqu'à ce qu'un Sud-Américain, le Dr Juri, imagine la **technique des lambeaux.** Comme son nom l'indique, des lambeaux chevelus sont « basculés » du côté vers le devant du crâne, ce qui suffit à regarnir un front dénudé. Mais faire pivoter une bande de cheveux peut toutefois donner une orientation peu naturelle aux cheveux. Le lambeau déplacé ne peut, non plus, avoir plus de trois centimètres — une largeur insuffisante sur un front amplement dégarni.

La technique des lambeaux connaîtra plus tard un certain regain de popularité avec l'**expansion cutanée.** Sous la surface du crâne, un ballonnet gonflé de sérum physiologique (appelé *expander*) permet d'étirer graduellement la peau, jusqu'à ce que l'on obtienne suffisamment de surface cutanée pour regarnir la tête. Comme on s'en doute, le procédé exige du patient une motivation profonde.

La **réduction tonsurale** proposera une tout autre approche. Cette fois, on enlève la peau glabre du crâne, puis on étire la partie chevelue jusqu'à ce qu'elle recouvre (et remplace) la portion de peau excisée. Ce faisant, on élimine la calvitie, tout en ne l'empêchant pas de progresser de nouveau, une fois l'intervention faite. Parce qu'elle réduit la surface de transplantation, la réduction tonsurale demeure cependant recommandée à ceux que la calvitie a sévèrement atteint.

Bien qu'elles aient marqué, chacune à sa façon, un progrès en chirurgie capillaire, les techniques décrites ci-dessus peuvent présenter certains inconvénients. Le large décollement du cuir chevelu, requis pour des réductions tonsurales ou des lambeaux, implique entre autres un risque d'hémorragie ou de nécrose. Voilà pourquoi les **greffes libres** ont transformé l'univers des chirurgies capillaires, en proposant une procédure nettement moins lourde.

Les greffes libres sont comparables à une transplantation de plantes. Le plasticien ponctionne de petits cylindres de cuir chevelu sur la nuque ou les côtés du crâne à l'aide d'un appareil électrique, le trépan. Puis il transplante ces greffons sur la zone dénudée du front. Au début, on réimplantait une cinquantaine de pastilles de quatre millimètres, chacun de ces greffons portant une dizaine de cheveux. À ce moment, l'art du plasticien consistait à donner aux transplants un angle naturel d'implantation, afin d'éviter le toupet en « poils de brosse ». Pour améliorer les résultats, on a ensuite diversifié la forme des greffons (rondelles, losanges, carrés, bandelettes, triangles, fuseaux), tout en intercalant suffisamment d'espace entre ceux-ci pour leur permettre de bien s'enraciner.

UNE PILULE CONTRE LA CALVITIE

Ayant noté que les patients traités à la finastéride (un médicament contre l'hypertrophie de la prostate) ne manquaient plus de toupet, les chercheurs ont fait avaler un comprimé quotidien de ce médicament à des milliers d'hommes au crâne légèrement dégarni. Au bout de trois mois, on notait un maintien ou une repousse capillaire chez 86 % des sujets. En effet, pour contrer la calvitie, il faut abaisser le niveau de DHT, une hormone issue de la testostérone masculine. Or, c'est ce que fait la finastéride (*Propecia*), en s'attaquant à l'enzyme qui permet la transformation de testostérone en DHT.

D'abord présentée en février 1997 lors du congrès de l'*American Academy of Dermatology,* cette «pilule pour hommes», serait plus performante que le minoxidil (crème *Rogaine*), le seul médicament jusqu'à ce jour commercialisé contre la calvitie. Qui plus est, la finastéride est assortie de peu d'effets secondaires. Bien entendu, il faut rester fidèle au médicament, sans quoi les cheveux recommencent à tomber.

Aujourd'hui, la technique s'est encore raffinée grâce à des **microgreffes** faites à la seringue, cheveu par cheveu. Ce traitement nécessite au moins trois séances réparties sur une période de six mois et exigeant chacune une anesthésie locale. Mais les résultats gagnent en naturel, notamment dans la région frontale, et les suites opératoires sont quasi imperceptibles. Les cicatrices de prélèvement restent invisibles; quant aux nouveaux greffons, ils forment tout au plus de petites croûtes (temporaires), avant de prendre racine dans leur nouvelle «aire de résidence».

DOLLY AURA DU TOUPET

Dans le futur, la technique du clonage, appliquée aux cheveux, permettra d'en créer des copies conformes avec lesquelles les plasticiens de l'an 2000 pourront garnir les crânes glabres. Pour l'instant, si la transplantation capillaire permet une meilleure répartition des cheveux sur la tête, aucune technique n'a encore réussi à faire pousser des tiges capillaires inexistantes.

Certes, les cheveux transplantés tomberont au bout d'un mois. Mais il s'agit d'une phase transitoire précédant la repousse des nouveaux cheveux, qui croîtront à un rythme normal (environ un centimètre par mois). En autant que le patient n'arrache pas ses greffons et qu'il réduise les activités physiques intenses, les cheveux greffés deviendront, dans les 48 heures suivant la greffe, aussi solides que des cheveux naturels. Les complications et les infections sont rares. Quant au prix d'une greffe capillaire, il est raisonnable, si on le compare à celui d'un bolide — tout en étant doublé, en prime, d'une garantie à vie!

LA FOIRE AUX QUESTIONS

Que penser des cheveux retenus sur la tête au moyen de diverses attaches?

Des cheveux non vivants peuvent être fixés à l'aide d'adhésif, de filet (une fixation de fil attachée aux cheveux existants) ou d'une insertion (un fil glissé dans le cuir chevelu). Dans tous les cas, il ne s'agit pas de cheveux vivants, comme le sont les transplants capillaires. De plus, ces méthodes (qui ne sont pas employées en chirurgie esthétique) exigent un bon entretien du cuir chevelu, des attaches et des cheveux vivants.

Y a-t-il de mauvais candidats à une greffe capillaire?

Oui. La transplantation capillaire ne fait que répartir différemment des cheveux existants. Elle s'adresse donc aux hommes partiellement chauves, ou aux cas de calvitie consécutive à une maladie (mycoses, folliculites), un traitement médical (comme la radiothérapie), une chirurgie, un accident ou une brûlure.

Peut-on recevoir une greffe capillaire à tout âge?

Oui. C'est davantage l'état de santé que l'âge qui détermine le succès de l'intervention. Ainsi, le plasticien sera attentif aux antécédents cardiaques du patient. Il vérifiera si ce dernier suit un traitement anticoagulant, s'il souffre d'anomalies de coagulation, d'anémie, d'épilepsie ou s'il a tendance à mal cicatriser. Enfin, des cheveux peu denses, trop fins ou trop pâles peuvent limiter la qualité du résultat final.

J'ai entendu dire que le laser permettait de bien préparer la zone du crâne devant recevoir les greffons. Est-ce vrai?

Non. Le laser n'est ici d'aucune utilité.

Combien de séances exige une transplantation capillaire?

Tout dépend de la surface de calvitie à traiter et de la densité de cheveux désirée. De plus, un intervalle de 4 à

12 semaines doit séparer chaque traitement afin de permettre une cicatrisation adéquate.

La transplantation capillaire est-elle une intervention douloureuse ?
Non. La légère douleur qu'elle entraîne est contrôlée à l'aide d'une médication.

Différentes techniques du cuir chevelu peuvent-elles être combinées ?
Oui. À titre d'exemple, on peut associer une réduction tonsurale à une greffe capillaire.

Est-il certain que les cheveux transplantés vont s'enraciner ?
Des échecs restent possibles si un prélèvement mal fait a détruit le bulbe du cheveu ou si des lambeaux de cuir chevelu sont mal irrigués. Le véritable écueil des chirurgies du cuir chevelu réside toutefois dans leur défi esthétique. Il faut parvenir à un résultat d'apparence naturelle.

Des cheveux transplantés peuvent-ils être colorés ou permanentés ?
Oui. Étant aussi solides que des cheveux normaux, ils peuvent subir les mêmes traitements.

Une chirurgie du cuir chevelu peut-elle convenir à une femme à la chevelure clairsemée ?
Tout dépend. Quand des troubles hormonaux (comme la ménopause) sont davantage en cause, les traitements seront plutôt d'ordre médical. La transplantation capillaire peut toutefois corriger les alopécies accidentelles résultant d'une brûlure, d'une chirurgie, d'une radiothérapie, d'un accident ou d'une maladie.

Les assurances couvrent-elles les coûts d'une transplantation capillaire ?
Oui, si la perte de cheveux est due à un accident, à une opération ou à une maladie. En revanche, il vaut mieux consulter un comptable pour vérifier si une greffe capillaire est déductible d'impôts.

VOTRE FICHE PRATIQUE

Âge : dès qu'il y a début de calvitie masculine.
Anesthésie : générale, mitigée ou locale, selon la technique.
Durée de l'intervention : deux à quatre heures.
Séjour en clinique : chirurgie d'un jour.

AVANT

Deux semaines :
- pas de tabac, d'antigrippaux, d'anti-inflammatoires, d'aspirine et de dérivés, de vitamine E, d'ail, d'alcool et de vin rouge.

Quelques jours :
- pas d'expositions au soleil ;
- coupe de cheveux pas trop courte.

La veille :
- douche au Spectro-Jel ;
- jeûne complet dès minuit la veille, si une anesthésie générale est prévue.

Le matin :
- petit déjeuner léger (tisane, rôties et fromage, par exemple), en cas d'anesthésie mitigée ;
- shampooing au Spectro Tar, avec trois rinçages ou plus ;
- douche au Spectro-Jel ;
- vêtement confortable n'exigeant pas d'être enfilé par la tête ;
- escorte pour le retour à la maison, au besoin.

APRÈS

Pansement : enlevé après 24 heures, avec précaution.

Guérison :
- remise sur pied immédiate ;
- guérison en quelques jours.

Suites normales :
- sensibilité du cuir chevelu (technique des lambeaux) ;
- enflure du front et des paupières, durant quelques jours ;
- croûtes ;
- engourdissement du cuir chevelu, durant quelques semaines.

En cas de douleur : un ou deux comprimés de Tylenol extra-fort. PAS D'ASPIRINE PENDANT 15 JOURS.

Prévenir le chirurgien : en cas d'enflure anormale ou de saignement intempestif.

Complications possibles : infection ; mauvaise cicatrisation ; atrophie de follicules pileux ; saignement ; épaississement cutané; allergie aux médicaments ou aux désinfectants.

À faire :
- repos d'une semaine, en cas de technique des lambeaux ;
- prise d'antibiotiques pour prévenir l'infection ;
- nettoyage du cuir chevelu avec du peroxyde d'hydrogène (3 %), dans les trois jours suivant la greffe ;
- shampooing doux, cinq jours après la chirurgie ;
- rinçage de la chevelure sous un jet modéré d'eau tiède ;
- coupe de cheveux après deux semaines, au besoin ;
- coiffure de la chevelure en douceur au niveau des tempes et de la nuque, durant deux mois ;
- écran solaire contenant du dioxyde de titanium (*PreSun Sun Block FPS 21*) sur toutes les cicatrices, durant six mois.

À éviter :
- café et thé, le matin de l'opération ;
- produits coiffants, le matin de l'opération ;
- peignage de la chevelure, dans les 8 à 10 jours suivant la greffe ;
- efforts et exercices violents, durant deux jours ;
- frictions du cuir chevelu ;
- fer à friser et séchoir avec chaleur, durant trois semaines ;
- liquides chauds, sel et épices, durant trois mois.

Petit mémento

TOUT CE QUE VOUS AURIEZ TOUJOURS DÛ FAIRE POUR VIVRE SANS VIEILLIR

Que l'on soit ou non candidat à une chirurgie esthétique, on a avantage à tout mettre en œuvre pour ne pas ajouter « des ans l'irréparable outrage ». Le programme est de taille, car nous commençons à vieillir dès notre naissance. Alors que nos capacités respiratoires et la vitesse de notre circulation sanguine suivent des courbes décroissantes, nos organes vieillissent, eux aussi, de façon graduelle. Pour les muscles, les choses commencent à se gâter vers 25 ans. À 40 ans, les organes très exposés aux radicaux libres (peau, poumons, intestins, reins, cœur) donnent de signes de fatigue. Et à 60 ans, ce sont le foie et les os.

Par ailleurs, le temps qui passe n'est qu'une imparfaite unité de mesure : des individus de même âge peuvent avoir l'un les cheveux blancs et l'autre les cheveux noirs. Les chercheurs explorent présentement trois hypothèses pour expliquer le processus physiologique du vieillissement. Celui-ci serait déclenché par une horloge génétique préprogrammée. Il pourrait être un signe d'usure, accompagné d'une destruction cellulaire graduelle. La dernière hypothèse fait état de mécanismes de réparation (cicatrisation, lutte contre les infections) de moins en moins efficaces. Quoique des paramètres génétiques régissent le vieillissement, on ne répétera jamais assez les règles à suivre pour garder une belle apparence.

Évitez le soleil. Bien qu'elle ne soit pas responsable de l'affaissement des chairs et des rides d'expression, l'exposition solaire contribue à 90 % au vieillissement cutané: c'est ce qu'on appelle le photovieillissement. Réduire son exposition au soleil, c'est donc retarder l'apparition de sillons, de taches pigmentaires et d'un teint citrin, à la texture grumeleuse. Dès la vingtaine, l'application d'un hydratant de jour avec écran solaire est un geste de prévention utile. Lors de la pratique de sports de plein air, un écran solaire pour zones sensibles est également de mise.

Abandonnez la cigarette. Une seule cigarette entraîne une vasoconstriction et une réduction de l'oxygénation des tissus qui perdure plusieurs jours. En conséquence, les fumeurs sont cinq fois plus sujets au flétrissement excessif de la peau que les non-fumeurs. En outre, le tabac nuit à la production de collagène et d'élastine. Le fait de fumer contribue enfin à la formation de rides péribuccales. Il en résulte une peau grise, épaissie, plus sèche et plus ridée. Comme toute chirurgie esthétique exige quelques semaines sans tabac, pourquo ne pas profiter de l'occasion pour laisser tomber la nicotine à jamais ?

Gardez un poids stable. Les tissus conjonctifs de la peau ont beau présenter une certaine élasticité, il reste nocif de les soumettre à d'inutiles tractions. Comme la peau perd son tonus avec l'âge, ce conseil s'adresse particulièrement aux sujets de 40 ans et plus. À cet âge, toute cure amaigrissante devrait conduire à une perte de poids lente et progressive, sous peine d'entraîner un flétrissement inesthétique des chairs.

Cultivez un certain art de vivre. La tension, les tics, la gymnastique faciale, le froncement des sourcils, le plissement d'yeux non protégés, en plein soleil ou au grand vent, accentueront les inévitables rides d'expression.

Hydratez quotidiennement la peau. Quoiqu'une crème hydratante ne puisse stopper le vieillissement cutané, elle protégera la peau tout en lui donnant une apparence de souplesse et de relative jeunesse (les rides paraissent davantage sur un teint desséché).

Choisissez bien vos cosmétiques et votre esthéticienne. Tout au long d'une vie, il n'est pas superflu de compter sur un

BEAUX GESTES !

20 ans • Éviter les expositions inutiles au soleil • Bannir la cigarette • Hydrater le cou et les mains avec l'hydratant FPS 15 employé pour le visage • Choisir des produits à la texture adéquate (gel pour les peaux grasses, lait pour les peaux normales, crème pour les peaux sèches).

30 ans • Porter un soutien-gorge • Ne jamais faire de sport sans soutien-gorge • Enfiler des gants de caoutchouc lors des travaux ménagers • Faire de l'exercice régulièrement pour conserver un bon tonus musculaire (la peau paraît plus ferme sur des muscles toniques, et l'exercice oxygène tous les tissus).

40 ans • Éviter les excès de poudres, les fards nacrés, les couleurs mates et vives qui mettent tous en relief les sillons et les rides d'expression • Maigrir très lentement, sous peine de se retrouver avec des bajoues tombantes • À la ménopause, une hormonothérapie peut éviter la brusque déperdition hormonale qui fait perdre une partie de sa souplesse à la peau féminine. La question devrait être discutée avec le médecin traitant.

pain nettoyant au pH neutre (savon doux ou pain dermatologique), un bon démaquillant, un hydratant et un fond de teint non comédogène, avec protection solaire. Une bonne esthéticienne vous prodiguera aussi des soins et des conseils judicieux. Elle pourra ainsi vous suggérer certains produits pouvant, dès la trentaine, améliorer *temporairement* l'apparence du teint, notamment:

√ les exfoliants. Ils éclaircissent les teints gris (à employer avec modération, pas plus de deux fois par semaine, selon le type de peau). À bannir toutefois si on suit un traitement à la trétinoïne.

√ les sérums coup d'éclat. Ils lissent temporairement la peau (avant une sortie, par exemple).

√ les soins avec liposomes. Leur action hydratante de plus longue durée (12 heures au lieu de 6) convient aux épidermes plus secs.

√ les crèmes contenant au moins 5 % d'acides alpha-hydroxylés (A.A.H.). Elles satinent les peaux abîmées par le soleil. (Contre-indiquées si on suit déjà un traitement à la trétinoïne.)

√ les fards rosés (base correctrice, crème teintée, poudre). Ils rectifient le grisonnement du teint.

√ l'anticernes (il contient souvent un écran solaire) et les fards à paupières de nuances mates et neutres (taupe, sable, beige, bistre, chamois, etc.). Ces teintes estompent, par effet optique, les ridules aux paupières.

TOUT COMPTE FAIT

PROCÉDÉ	MÉTHODE	RÉSULTATS	FRAIS (approx., excluant l'anesthésie)
Lifting SMAS	muscles et peau retendus sous la ligne des cheveux • visage entier, partie inférieure ou supérieure	5 à 10 ans	3500 $ à 5500 $
Lifting du front (chirurgie ou endoscopie)	Muscle lissé, avec incision ou avec tige glissée sous le cuir chevelu	Une seule fois • endoscopie gomme les rides, non la peau tombante	3500 $ à 4000 $
Chirurgie des paupières (chirurgie ou laser)	Graisse repositionnée dans l'orbite • peau enlevée • coin de l'œil remonté (canthoplastie) • tissus flétris vaporisés au laser	10 ans pour paupières supérieures • permanent pour paupières inférieures • cicatrices invisibles • paupière inférieure déformée (ectropion) en cas de	1500 $ à 2500 $

PROCÉDÉ	MÉTHODE	RÉSULTATS	FRAIS (approx., excluant l'anesthésie)
		chirurgie mal faite • risque de décoloration cutanée (laser)	
Relissage au laser	Gommage des rides par laser CO_2 ou erbium YAG	Gommage des rides faciales • traitement possible au cou et aux mains • rougeurs et guérison dépendant du type de laser	lèvre supérieure : 500 $ • contour de la bouche : 1000 $ • yeux : 750 $ à 1500 $ • visage : 2000 $ à 5000 $
Chirurgie du nez	Cartilages et os remodelés	Permanents, à moins de retouches • aucune cicatrice	3000 $ à 4000 $
Chirurgie mammaire (réduction/addition/redrapage)	Tissus graisseux enlevés • prothese introduite dans le sein • lifting de la glande mammaire	Prothèse à l'eau saline pouvant se dégonfler en tout temps • durcissement du sein possible • minicicatrices	3500 $ à 5000 $
Abdominoplastie	Plastie du ventre par liposuccion, lifting ou résection de peau et de graisses, avec resserrement musculaire (lipectomie)	Risque d'infection • cicatrice • vergetures partiellement gommées	4500 $ à 6000 $
Liposuccion	Fins tunnels creusés sous la peau par où est aspiré le gras	Pour culotte de cheval, abdomen, double menton • cicatrices imperceptibles • n'enlève pas la peau d'orange	• menton : 1000 $ • culotte de cheval : 2000 $ à 3000 $ • genou : 1000 $ • ventre : 4000 $
Implant (collagène/acide hyaluronique/toxine botulique/SoftForm)	Injections • collagène et acide hyaluronique pour pattes d'oie, sillons et lèvres pulpeuses • Botox pour rides frontales et intersourcilières • implants de SoftForm pour rides péribuccales, sillons naso-géniens ou lèvres	Résultats instantanés (collagène, acide hyaluronique) ou rapide (Botox) • sans danger mais provisoire • retouche après 6 à 12 mois (collagène, acide hyalutonique), ou 3 à 10 mois (Botox) • permanent dans le cas du SoftForm.	collagène : 300 $ à 1000 $ • acide hyaluronique : 350 $ • lipo-greffe : 1200 $ • Botox : 300 $ à 500 $ • SoftForm : 1000 à 2000 $ • Goretex : 1000 $

PROCÉDÉ	MÉTHODE	RÉSULTATS	FRAIS (approx., excluant l'anesthésie)
Microdermabrasion	Fins cristaux gommant les traces de cicatrices ou de vergetures • rougeurs douloureuses pendant 3 semaines	Ne fait pas l'unanimité	250 $ • dermabrasion classique : 1500 $ à 2000 $
Peeling à l'acide glycolique	Exfoliation légère, pour peaux abîmées par le soleil	Légères rougeurs transitoires • résultats limités (ridules) • peut être fait à répétition	150 $ chaque peeling (environ 5 peelings requis) • Autres peelings : 500 $ à 2000 $, selon le degré d'exfoliation et la zone traitée
Micropigmentation	Pigments colorant la peau	Durée moyenne de 7 ans, prolongée avec protection solaire	selon la zone traitée

C'EST COUVERT PAR LA RAMQ

√ la chirurgie des paupières, en cas de troubles visuels
√ la chirurgie du nez, en cas de difficultés respiratoires (rhinoplastie fonctionnelle)
√ les interventions aux oreilles décollées (otoplastie), jusqu'à l'âge de 18 ans
√ la réduction mammaire (au moins 250 g de tissus graisseux par sein), en cas de problèmes physiques
√ la reconstruction mammaire consécutive à une chirurgie mutilante (ablation du sein)
√ la lipectomie abdominale, en cas de problèmes physiques
√ la correction de malformations congénitales
√ la reconstruction, en cas d'accident ou de brûlure grave

Veuillez noter que certains plasticiens (non participants ou désengagés) ne travaillent pas avec la Régie de l'assurance-maladie du Québec (RAMQ). Aucun de leurs actes chirurgicaux n'étant payé par l'organisme gouvernemental, le patient doit en assumer tous les coûts.

EN CAS DE CATASTROPHE

Si elle est fière, et avec raison, de ses réussites, la chirurgie esthétique préfère taire ses dérapages. Mais grâce au recueil des décisions disciplinaires auquel sont abonnés les médias, quelques récits d'erreurs médicales ont déjà fait couler trop d'encre. « Coupables », plaident les patients. « Non coupables », arguent les défenseurs des médecins… Aux experts de débrouiller l'écheveau ! Mais quelle que soit la réponse, dans l'audience, le futur patient se demande simplement : Que faire en cas de catastrophe ?

Quoique le médecin ne soit pas tenu d'être infaillible, son droit à l'erreur exclut l'accident, l'imprudence, l'incompétence et la négligence. Omettre des tests, déléguer une chirurgie à l'insu du patient, ne pas l'informer de *tous* les risques d'une intervention ou léser des organes sont autant de motifs justifiant une plainte écrite au Bureau du syndic du Collège des médecins du Québec (CMQ) (voir encadré).

Si le patient lésé peut loger une plainte auprès du CMQ, il peut aussi intenter une poursuite civile. Pour être valable en droit, cette poursuite doit présenter trois éléments : une faute (causée par imprudence ou négligence), un dommage (à partir duquel est établi le montant réclamé), ainsi qu'un lien de causalité entre les deux.

À partir du moment où il y a eu faute, la victime a trois ans pour recourir au tribunal et demander une compensation monétaire. Avis toutefois aux patients, toujours convaincus de leur bon droit : le plasticien n'est légalement lié à aucune obligation de résultats, il n'est tenu qu'à une stricte obligation de moyens. En d'autres mots, un plasticien ne peut être reconnu fautif s'il a suivi les règles d'une bonne pratique médicale. Un patient insatisfait devra donc prouver que le professionnel n'a pas mené les investigations

DES ENJEUX IMPORTANTS

Avant de loger une plainte auprès du Collège des médecins du Québec (CMQ), un patient mécontent doit être conscient qu'un reproche ne rime à rien s'il ne traduit pas une faille à la Loi médicale, au Code des professions ou aux règlements du CMQ. Par la suite, la plainte logée ne relève plus du patient. Elle concerne exclusivement une corporation professionnelle (le CMQ) et un de ses membres (le D^{r} X). Le processus d'enquête se déroule à l'interne : le plaignant ne peut s'y ingérer, à moins de plaider directement sa cause devant le Comité de discipline du CMQ (une démarche ardue et coûteuse).

Vu la complexité des dossiers, il faut compter plusieurs mois avant de savoir si une plainte sera retenue et transmise au Comité de discipline du CMQ. Ce tribunal administratif peut exercer des sanctions auprès du professionnel fautif. Mais étant donné la gravité des enjeux (dont la perte du droit de pratique), plus la plainte est grave, plus les preuves devront être solides.

requises, qu'il ne s'est pas entouré des précautions indispensables à l'exécution d'une intervention, qu'il a négligé le suivi postopératoire, ou encore que son «plateau technique», son instrumentation ou son personnel soignant étaient inadéquats.

Dans un second temps, le patient devra démontrer que ***ces fautes ont causé des préjudices esthétiques*** et que ces derniers ne relèvent pas de causes naturelles : mauvaise cicatrisation, troubles imprévus, etc. En effet, toute chirurgie esthétique implique d'éventuelles complications ; aucun plasticien, aussi doué soit-il, n'est totalement à l'abri des écueils et des imprévus.

Pour toutes ces raisons, il est exceptionnel que le préjudice esthétique soit évalué, comme l'avait imaginé le patient, tout comme le *pretium doloris* (qui correspond aux souffrances subies), déterminé par l'expert convoqué par le tribunal.

Un vieil adage affirme qu'il vaut mieux prévenir que guérir. En amont de l'erreur médicale, la relation thérapeutique reste donc prioritaire. À elle seule, cette relation peut réduire les risques d'échecs esthétiques quantitatifs (seins jugés trop petits, nez trop discret) résultant d'un malentendu entre patient et plasticien.

Mais s'il revient au plasticien d'être à l'écoute, le futur opéré doit également se prendre en charge, s'informer et ne pas se complaire dans une passivité béate. Bref, à chacun de faire son bout de chemin pour ne pas se perdre en cours de route. Que le patient, dûment informé, ne vienne pas ensuite plaider l'ignorance. En bref, il lui incombe de choisir son plasticien avec soin, de réfléchir et d'agir avec diligence.

PROFIL DU MÉDECIN À RISQUES D'ERREURS

En plus de ne pas être à jour dans ses connaissances et de mal tenir ses dossiers, ce praticien procède en vitesse et semble aussi sourd que muet.

RÉFÉRENCES UTILES

Association des spécialistes en chirurgie plastique et esthétique du Québec (ASCPEQ)
C.P. 216, Succursale Desjardins
Montréal, Québec
H5B 1G8
Tél. : (514) 350-5109
L'ASCPEQ a publié plusieurs fascicules portant sur diverses interventions esthétiques (5 $ le fascicule).

Société canadienne de chirurgie plastique et esthétique
4650, Highway n° 7
Woodbridge, Ontario
L4L 1S7

Association des dermatologistes du Québec
C.P. 216, Succursale Desjardins
Montréal, Québec
H5B 1G8
Tél. : (514) 350-5111
Pour certains traitements esthétiques de nature dermatologique : implants de collagène, traitement à la trétinoïne, peeling et relissage au laser.

Ordre des infirmières et infirmiers du Québec
Site de l'infirmière virtuelle
http ://www.infirmiere.net
Le site contient de nombreux renseignements sur les chirurgies esthétiques, ainsi que sur les soins pré-opératoires et postopératoires.

Dr André Camirand
http ://pages.infinit.net/acamiran/

Collagen Canada Ltd
1235, Bay Street, bureau 900
Toronto, Ontario
M5R 3K4
Pour informations : 1 800 336-3790

Implant facial Softform
Gel viscoélastique Hylaform
(acide hyaluronique)
Pour informations : 1 800 336-3793

LEXIQUE
DES TERMES TECHNIQUES

LEXIQUE DES TERMES TECHNIQUES

DE L'ANATOMIE...

Adipocyte Cellule qui fabrique les alvéoles graisseuses (ou adipeuses).

Anthélix Repli principal du pavillon de l'oreille.

Aréole Cercle coloré entourant la pointe du sein.

Atrophie Amincissement.

Axillaire Situé dans l'aisselle. Exemple : ganglion axillaire.

Cervical Concerne la région du cou. Exemple : liposuccion cervicale.

Cervico-facial Concerne le visage et le cou. Exemple : lifting cervico-facial.

Chéloïde Cicatrice rouge, épaisse et douloureuse.

Derme Couche profonde de la peau.

Dôme Pointe du nez.

Élastose Altération du réseau élastique du derme.

Éminence malaire Pommette.

Fleurs de cimetière (crasse sénile) Taches pigmentées sur la peau, dues au soleil. Souvent présentes sur les mains, les tempes, le visage, etc.

Glabelle Espace situé à la base du nez, entre les sourcils.

Hélix Pli qui forme le contour du pavillon de l'oreille externe.

Hématome Épanchement de sang dans une cavité à la suite d'une rupture de vaisseaux sanguins.

Hernie graisseuse Désigne les poches sous les yeux.

Ligne blanche Désigne la ligne médiane du ventre.

Lipide Graisse.

Mamelon Pointe pigmentée au milieu de l'aréole du sein.

Muqueuse Membrane qui recouvre les organes creux et se raccorde aux orifices naturels. Exemple : muqueuses nasales ou labiales.

Naso-génien Pli d'expression allant du nez aux commissures des lèvres.

Ombilic Nombril.

Ptôse Affaissement d'un organe (peau, sein, visage, abdomen, etc.) parce que ses tissus sont distendus.

Rides de marionnette Rides situées aux commissures des lèvres.

SMAS Acronyme du système musculo-aponévrotique superficiel. Se dit de l'ensemble des tissus situés juste sous la peau. Exemple : un *face-lift* assorti d'un SMAS.

Vertex Sommet de la tête et zone de calvitie masculine.

... À LA CHIRURGIE

Acide hyaluronique Mucopolysaccharide employé dans les cosmétiques pour humecter et assouplir la peau. Maintenant utilisé à titre d'implant cutané. Bien toléré par les sujets allergiques au collagène.

Anesthésie mitigée Anesthésie locale assortie d'une perfusion de sédatifs.

Artéplast Produit d'origine allemande composé de plexiglas médical en suspension dans une solution de collagène. Sert à gommer les rides faciales.

Artécoll Voir Artéplast.

Augmentation mammaire Augmentation du volume des seins à l'aide d'un implant d'eau saline.

Autogreffe Greffe effectuée à l'aide d'une substance prélevée sur le patient lui-même. Exemple : lipo-greffe.

Blépharoplastie Chirurgie esthétique des paupières consistant à leur enlever un croissant de peau excédentaire afin de les relever.

Botox Toxine botulique dérivée d'une bactérie et injectée sous les muscles du front pour le dérider temporairement.

Canthoplastie Intervention consistant à relever le coin externe de l'œil, puis à retapisser la peau de la paupière inférieure.

Collagène Protéine d'origine bovine injectée dans les rides. Existe aussi en version japonaise, où elle est extraite de veaux nippons.

Corail Substitut de l'os humain injecté à la seringue pour galber des pommettes plates ou combler des tempes creuses ou un menton fuyant. Utilisé aux États-Unis, mais non au Canada.

Déhiscence Ouverture d'une plaie.

Dermabrasion Ponçage de la peau à l'aide d'une brosse métallique.

Dyschromie Anomalie de pigmentation de la peau.

Ectropion Éversement de la paupière donnant aux yeux l'allure d'« yeux de cocker ».

Endoscope Fin tube permettant de visionner à distance la zone à opérer. Permet d'intervenir sans trop inciser la peau. Exemple : lift du front par endoscopie.

Érythème Rougeur.

Freezing Givrage de la peau causé par certains acides, qui font coaguler ses protéines et ses sels. Caractérise les peelings au phénol ou à l'acide trichloracétique.

Génioplastie Gonflement du menton, souvent obtenu par l'ajout d'une prothèse de silicone solide.

Goretex Produit synthétique présenté en fil ou en plaque, servant à combler les rides.

Greffon Fragment de tissu transplanté.

Induration Durcissement de la peau, souvent de nature inflammatoire.

Kératolytique Substance capable de dissoudre un épaississement corné de la peau.

Lambeaux (technique des) Pivotement de bandes de cuir chevelu vers une surface dénudée, habituellement le front.

Lifting Décollement et traction sur la peau et les muscles dans le but de les retendre.

Lipectomie (Redrapage abdominal) Chirurgie de l'abdomen consistant en la suppression de la peau excédentaire et du tablier graisseux sous-jacent, doublée d'un resserrement de la sangle musculaire.

Liposuccion (ou lipoaspiration) Aspiration de graisse superflue à l'aide de seringues et de canules.

Mentoplastie Chirurgie esthétique du menton.

Microdermabrasion Dermabrasion pratiquée à l'aide de fins cristaux d'hydroxyde d'aluminium.

Microgreffe Prélèvement de cheveux sur la nuque, en très faible quantité, puis transplantation dans une zone de calvitie.

Micropigmentation Pigments de couleur (végétaux ou minéraux) injectés sous le derme, et qui permettent de dessiner un sourcil manquant ou une aréole de mamelon, ou encore de colorer des cicatrices blanchâtres.

Otoplastie Chirurgie des oreilles permettant de les recoller.

Peeling Technique faisant peler la peau à l'aide d'un produit chimique : phénol, acide trichloracétique, résorcine, acide glycolique, etc. L'exfoliation obtenue peut être profonde, moyenne ou superficielle.

Plastie Abréviation d'intervention plastique.

Plastie malaire Gonflement des pommettes avec des prothèses.

Plicature Pli destiné à retendre un tissu relâché.

Prothèse Produit de remplacement employé au menton, aux pommettes, aux seins, etc.

Redrapage abdominal (Lipectomie abdominale) Incision au ventre, étirement puis excision de la peau excédentaire. Efface une partie des vergetures abdominales.

Réduction mammaire Réduction du volume des seins par extraction de peau, de cellules graisseuses et de glandes mammaires.

Réduction tonsurale Diminution des surfaces atteintes de calvitie par retrait de la partie chauve, remplacée par du cuir chevelu.

Resurfacing Synonyme de relissage (au laser), une technique qui consiste à effacer les rides en lissant la surface cutanée.

Rhinoplastie Intervention faite sur les os et les cartilages du nez. Permet d'en corriger la courbe, de limer la bosse sur son arrête, d'en amincir les ailes, d'en modifier la pointe, etc.

Rhytidectomie (Lifting facial) Lissage du cou et du bas du visage.

Sérome Accumulation de liquide lymphatique qui doit être ponctionné par le plasticien.

Silicone Substance dérivée du silicium, ayant été utilisée comme implant sous forme liquide, gélifiée ou solide.

SoftForm Implant composé d'un fin tube de PTFE-e introduit sous la peau à l'aide d'une grosse aiguille.

Trétinoïne Vitamine A acide ou acide rétinoïque. Ne pas confondre avec la vitamine A (rétinol).

YAG Laser froid ne causant pas de lésions thermiques à la peau. Peut être employé sur le cou et les mains. Plus lent que le laser au dioxyde de carbone (CO_2), mais moins agressif.

L'équipe du Dr André Camirand

De gauche à droite :

Danielle	Technicienne de la photo et technicienne en stérilisation
Kathy	Administratrice
Jocelyne	Infirmière licenciée et assistante du Dr Camirand
Michelle	Responsable des relations publiques
Céline	Infirmière licenciée responsable des soins en salle de réveil
Sylvie	Infirmière licenciée responsable des soins postopératoires
Christine	Infirmière auxiliaire et secrétaire (n'apparaît pas sur la photo)

Table des matières

Ce livre a été produit grâce au système d'imagerie au laser
des Éditions de l'Homme, lequel comprend :

• Un digitaliseur Scitex Smart TM 720 et
un poste de retouche de couleurs Scitex Rightouch™;

• Les produits Kodak ;

• Les ordinateurs Apple inc.;

• Le Serveur Intergraph distribué par Aldin graphiques inc.;

• Le processeur d'images RIP 50 PL2 combiné avec
la nouvelle technologie Lino Dot® et Lino Pipeline® de Linotype-Hell®.

Lithographié sur papier Luna et achevé d'imprimer au Canada
sur les presses de l'imprimerie Interglobe inc.